本書の原稿は巻頭解説を除き、
1999年の初版刊行時のものをそのまま使用しています

新たなる価値を生み出すための普遍の原則

巻頭解説：佐宗邦威

経済資本から文化資本へという時代の流れ

「自然や社会と分離することで限界を迎え、停滞を始めた経済を、逆に自然や社会との一体化の方向に動かすことで引き上げていくことが必要だ。分離の行き着いた果てに自己破壊的な作用すら含んでしまった経済の時代から、経済が人間や他の生命にとってより良い自然や社会を再構成し、建設していくという新しいステージに入ったということです。この建設を引っ張っていくことができるのは、経済資本の力よりも、文化資本の力によらなければならないでしょう。」

本書は、このような問題提起から幕を開けます。

『文化資本の経営』は、資生堂の中興の祖と呼ばれ、極東アジアの化粧品会社を日本発のグローバルブランドに育て上げた福原義春氏が、山本哲士氏を始めとした文化資本研究会のメンバーとともに、「文化資本」のコンセプトを経営理論、経営思想にまで練り上げた一冊です。

福原氏は、メーキャップブランド「インウイ」の開発に携わり、また氏が進めたフランス進出をきっかけに高級フレグランスの「セルジュ・ルタンス」をも生み出すなど、歴史に裏打ちされた企業文化からブランドストーリーを作り出す技術が圧倒的だったと述懐される、真の「文化資本経営者」でした。当時、世界的に見て「文化後進国」であった日本発の商品をグローバルブランドに育て上げた実績は、むしろ今こそ注目されるべきでしょう。

ロールモデルが失われた時代に

私は、戦略デザインファームＢＩＯＴＯＰＥの代表として、エレクトロニクス、通信、スポーツ、エンタメ、都市開発、お茶、宇宙、メタバースコンテンツなど様々な業界の企業とともに「未来ビジョン」を作ってきました。業界を横断し、いわば未来創造のプロフェッショナルとして活動してきたわけですが、その中で１つ見えてきたことがあります。それは、日本は成熟国として、技術立国から文化立国へと転身すべきだということです。

日本は「失われた30年」において技術立国（ものづくり大国）が行き詰まりを迎える中、シリコンバレー、そしてアメリカを無意識のうちにロールモデルとし、技術のイノベーションによって価値を生み出そうとしてきました。しかし、巨大プラットフォーマーに対する風当たりも強まる中、その方向に進むことの意味は今、薄れつつあるのではないかと思います。

むしろ、日本は技術より文化の側面で世界からの注目を集め始めています。〝Zen〟〝Wabisabi〟〝Ikigai〟などの思想を土台にした文化的プロダクトは、たとえば素材の味をそのまま活かすヘルシーな〝Washoku〟を筆頭に、世界的に人気を博しています。日本は、文化を活用することで、世界の「憧れ」になりうるポテンシャルを十分に秘めていると思うのです。

だからこそアメリカ一辺倒ではなく、文化資本を価値に変えることに長けたヨーロッパから「成熟国としてのあり方」を学び、日本流にアレンジし、生活や思想に眠る見えない文化資本をうまく活かしていくことが、今求められています。

生成ＡＩの進化などにより仕事の効率化が進んでいく未来において、余暇をより豊かにしていくことはより一層大事な営みとなっていくはずです。日常を、より奥行きがあり、楽しく、学びのあるものに変えていく、広い意味での「文化」をつくる事業は、どの企業にとってもこれからますます重要なテーマになっていくはずです。

「見えない資本」から価値を生み出すには

では、この本から学びうる「文化資本を活かした経営」とは具体的にどのようなものでしょうか。

本書では、まず経済活動を、「経済資本」「文化資本」「環境資本」という三つの資本に分類します。端的に言えば、文化資本は「経済資本と環境資本をつなぎ、価値を生み出すためのもの」として位置付けられています。今まで「非経済」の領域にあった文化をあえて経済的な資本として捉えることで、経済、そして社会に対しても価値を創出していく。

では、いかにして文化資本を生み出すのか。要約すると次のとおりです。

○歴史の持つ資産をストーリー化して価値にすること
○生み出したアイデアやストーリーを、ブランド価値へと変え、蓄積していくこと
○事業によって蓄積したお金をクリエイティブに投資する（プロダクト、サービス、空間、ストーリーを設計する）ことで、新しい文化的価値を生み出すこと
○企業やその土地に培われた文化を人が活かし、今までにない価値、イノベーションを創造していくこと

福原氏は人や企業文化や歴史という見えない資産を活用する「文化資本」こそが新しい価値を生み出すと、現役の経営者として言い切り、実践し、成果を残したのです。

この中でも、特に福原氏が重視しているのが企業文化です。リモートワークも普及する中で、企業文化をどうつくっていくかは今の時代の経営者の喫緊の課題といってもいいでしょう。では、氏はどのような考えで、資生堂の組織文化を生み出したのでしょうか。

『企業は文化のパトロンとなり得るか』という著書の中で、福原氏は企業の経営資源を、いわゆるヒト・モノ・カネ、そして四つ目に企業文化を加えました。そして、企業文化は、次の三つにより構成されると語っています。一つ目は、いわゆる「企業風土」や「社風」。二つ目に、企業の「文化支援活動」とそれを支える「精神」。そして三つ目に、企業の中における「知的な蓄積」と「感性的な蓄積」。これらを総合したものが企業文化であり、企業が持つ文化資本のコアなのだと喝破しました。

現代においては「人的資本経営」という言葉も普及し、ようやく人が見えない資産であるという流れができつつあります。この流れの先にあるのは、組織文化づくりであり、そして付加価値の高い商品やサービスづくりでしょう。すべての価値創造は、文化資本から始まるのです。

今まで、日本は技術で勝ってきた国です。しかし、その成功体験ゆえに「良いものをより安く」というビジネスモデルに縛られ続けてきました。そして、テクノロジーは気づけば米中の二強寡占状態です。

その結果、「日本の数少ない成長産業はインバウンドだ」と、オルタナティブなビジョンとして「観光立国」が叫ばれています。しかし、私はこれを「文化立国」に拡張できる可能性を感じているのです。

「百年企業」の数が世界一多く、歴史という資本の蓄積があり、必要最小限の物を持つことを良しとする美的価値観を有し、自然と共生する生活価値観を持つ。長く培われたこの文化的成熟度を資本として活用し、ブランドを生み出していくことで、より世界の中でユニークでリスペクトされる国になる。そんな希望の物語への道筋を、本書は示唆してくれています。

この本は、時代の要請よりはるかに早く、著者たち自身の問題意識から発せられた強度の高い言葉によって紡がれています。だからこそ、今読んでも色褪せず、むしろ時代の先を見通すかのようですらある。それは本書が、見えない資本を新たなる価値に変える普遍の原則を示す「経営思想書」だからです。

時の試練に耐えた本書は、これから、新しい文化を作り、ビジネスモデルを発明していく意志を持った人にとってのバイブルとなるでしょう。もうすでに感度の高い起業家や経営者、クリエイターたちが、本書の熱心な読者となっています。

本書は、安易な解答をくれるノウハウ本ではありません。しかし、丹念に読み解いていけば、次世代への様々なインスピレーションが溢れ出す、汲めども尽きせぬ泉のような一冊です。この本が、日本に眠る文化資本を掘り起こし、次世代に新たな価値をつくることを志すすべての人にとってのバイブルとなることを祈って。

2023年10月

文化資本の経営
もくじ

2章

新しい経営アイデアが湧いてくる場所

近代的な知のあり方を超えて

5章

新しい経営を切り開くビジョンとは何か

コーポレート・ガバナンスとリーディング・ビジョン

補章　文化資本経営の理論

近代から超近代への流れ　医療を施せば施すほど副作用が出てくる——逆生産の時代／産業都市化——モノ、サービス、場所が均質化していく流れ／近代を超えた先に「人間」「社会」「家庭」の変容が起きる／自己・関係・空間をめぐる文化資本の内容が大きく変わる

新たな文化市場を制するための企業改革　知・アート・習俗の三大市場はどう変容するか／文化経済市場は量的拡大ではなく微分的な形で切り開かれる／トップのビジョンとすべての社員意識を文化資本化する／企業体を文化資本化する過程

文化を創造できる想像力豊かな経営とは何か　未分化なものを非分離なものへ設計する想像的な生産／すべてが経済になる状態に向かっている

社会ビジョンから立ち上がる経営　資本が独り歩きをする時代／モノとして分配するのではなく空間として分配されること／経営では分配の社会ビジョンと流通の再組織化が重要な位置を占める

表象と生産と場の組み替え　「新しい価値をつくる」ことが前近代の場で語られている／資本の場と物質の場を組み替える／アジアを新たな外在性として取り入れて語りかけていく文化の資本づくり

世界的な学問課題と同質的な経営課題　研究者と企業人の協働が大きなテーマとして浮かび上がってくる／国民国家と国民市場が限界に達している／先験的なものや経験的なものを乗り越えていくこと／多元的な時間を設定してナショナリズムを克服すること／思考されないものの新たな経済化の可能性をとらえること／有限化と同一化による外在性の排除に陥らないこと

はじめに

文化資本経営が企業の未来を切り開く

経済資本中心から文化資本中心への転換

私たちは、いま時代は経済資本だけの世界から、文化資本という新たな概念を取り入れるべき時に入っていると考えています。

これまでの経営は「資金」とか「財」とか、物質的な経済資本を中心に考えられ進められてきましたから、文化資本という考え方は、多くの方々にはなじみが薄いかと思います。

しかし、よく考えてみれば、当事者が意識している、していないにかかわらず、どんな経営者も経済資本の力だけで経営を支えてきたわけではなく、それぞれの企業が独自に培ってきた文化が、事業を成立・保持・発展させていくうえで実際的な力を発揮してきたことは無視できないと思います。

ただ、いくら商品や企業自体の文化的な価値が増えても、それが経済価値には簡単に結びつかない、あるいは直接には経済価値に換算しがたいといった事情から、文化資本の動きを無視したり、あるいは自ら抑えたり、ということがなされてきたように思います。

この場合の文化は、もちろん芸術表現や学術・思想に限定されるものではなく、感性や知を蓄積しながら常に生成・発展する生き方といった、広い意味での文化を意味しています。

企業にとってこうした文化は、これまではもっぱら、企業風土や歴史的な蓄積としてのみ評価されてきたと思われますが、それだけではなく、これを企業経営のうえで生かすべき「資本」として考えてみようというのが私たちの提案です。

このように考えてくると、「そもそも資本とは何か」という問題にぶつかりますが、それをひとくちでいうことはそう簡単ではありません。ただ、資本活動とは資金や財などの物質的な経済活動という面に限られるものではなく、人間にとっての魅力的な価値を外部に生み出していく総合活動だという面からとらえることが、きわめて重要です。

「資本」は英語の「キャピタル（capital）」の訳語ですが、キャピタルは「主要な、首位の、基本の、元の、本格的な、正真正銘の、すばらしい、見事な」といった意味の言葉です。

そのように考えると、キャピタル＝資本とは、既成の経済概念の枠組みで考えられているよりも、はるかに広い領域にわたる多様な働きをもつものとしてとらえる必要があるでしょう。そうした資本本来の働きを広く解き放ってやることで、その活動をより活性化させていくことを可能にするのが、文化資本経営なのです。

いま、世界的に経済資本のパワーが落ちてきています。経済資本さえ充実していれば、いくらでも新しいことができる、すばらしい事業をさらに伸ばしていくことができる、という時代は確かにありました。が、いまやそういう企業でも経営危機に陥り、倒産するところすら出てきています。その逆に、ベンチャービジネスの分野などでは、極端にいえば経済資本がゼロでも、これまで培ってきた体験やアイデア・技術を文化資本化することによって経済資本を動かし、事業として成功し伸びてきた新しいタイプの企業が出現しています。

日本経済が大きく揺らいでいますが、そこでも、しっかりと文化資本や技術力を蓄積し、生かしていくことを怠りなくやってきた企業とそうではない企業との間には、しだいに大きな違いが出てくるようになっています。

たとえば、ピーター・F・ドラッカーは、『明日を支配するもの』(ダイヤモンド社刊)のなかで、管理の力とか賃金の魅力や能力競争によって社員を働かせる企業の時代はすでに終わった、これからは社員が自らの自由な意志で喜びをもって働いていこうとする、より文化的な企業環境を生み出せる企業が伸びていく時代だ、ということをいっています。

いいかえれば、彼がいっているのは、これからの企業が考えていかなくてはならないことは、経済的な合理性や効率主義の追求だけではなく、はっきりとした社会ビジョンをもって文化を生み出していこうとする人々の創造的なパワーをどう生かしたらいいか、という新しい経営のあり方だということです。

このように、いい方はさまざまであっても、文化資本経営の重要性がいろいろと主張される時代に入っていることは確かなことだと思います。その意味からも、この大不況という苦境を乗り越えるためには、経済資本経営の力もさることながら文化資本経営の力がいっそう重要になってきているのです。

経済資本経営が限界にぶつかった時代

経済的な生産の観点から見ますと、明治以降の日本が参入した近代世界がまず第一にやったことは、生産というシステムを独自につくっていくことでした。これが第一段階です。第二段階では、それを大量生産のシステムとして社会的に機能させることをやってきました。そして第三段階では、それをさらに効率的、合理的に展開してきたわけですが、このシステムがいま行き着くところまできて、根本的に変わろうとしています。あるいは変容しようとしている段階に入っているのだと思います。

その第三段階の、徹底的な経済合理主義に基づいた生産が地球規模に拡大したことが、人々の経済生活をそれなりに向上させながらも、世界全域に深刻な公害や環境破壊をもたらす結果を招いているのはいうまでもありません。経済行動が自然環境や生活環境に優先して動き、それらの建設のためにではなく、逆に破壊する働きを大きく示すようになってしまったのです。

さらに、投資効率もコンピュータを利用した複雑系理論まで導入することにより究極まで突き詰められていった結果、同様の限界にぶつかっています。もはや、本当に資金が必要なところに資金がまわるのではなく、通貨情報はわずかな利益獲得だけをめざして、世界の金融市場を一分、一秒単位の猛スピードで動きまわることになり、諸国の政府はもちろんのこと、どんな国際機関もその複雑で加速された動きをコントロールできない状態が生まれてしまっています。しかも世界の金融取引額は、実物取引額の数十倍の規模にまで膨れあがっていますから、世界経済は金融の投機的な動きに大きく左右されることになり、先行きを見通すことがほとんどできない状態にまで陥っています。

そうした世界経済にもたらされている現在の暗雲は、たとえば、一九九八年一〇月に起きた世界最大級のヘッジファンド・LTCM（ロングタームキャピタルマネジメント）の破綻に対して、アメリカのFRB（米連邦準備制度理事会）が音頭を取り、ニューヨーク連邦銀行が中心となって、欧米の巨大銀行十数行に資金を出させて救ったという、まさに前代未聞の出来事が、象徴的に物語っているといえましょう。

いうまでもなく、LTCMは銀行ではありません。LTCMは世界中の銀行や企業や個人から任意にお金を集めてそれを運用する、いわば投資請負業なのです。しかもその投資対象は、日々変動する世界の通貨・証券・商品・金利などの相場と複雑にからみ合った「金融商品」ですから、その性格は不確実な利益をあてこんでの投機的行為にきわめて近いものです。直に社会的な意義をもった事業へ投資したり、将来有望な産業や企業へ投資するといった性格のものではまったくありません。その意味では、LTCMなどのいわゆるヘッジファンドは大きなリスクで大きな利益を狙う投機的行動ともいってよいでしょう。

いずれにしてもLTCMは私的な投資機関ですから、本来ならば救済する必要はまったくありません。ところが、救わなければ世界恐慌にまで発展するという実際的な状況が、いまの世界経済には発生しているのです。もしLTCMの破綻をそのまま放っておいたとしたら、おそらくヨーロッパの株式市場が大暴落して壊滅したはずです。そして、その大禍は日本やアメリカに波及し、間違いなく史上最大規模の世界恐慌へと発展したことでしょう。

第三段階の経済的な生産の延長上に世界の未来を描きにくくなってしまったことは、いまや誰もが認めざるをえません。世界はそういう時代に入ってしまったのです。

いったいどういうわけで、こんなことになってしまったのでしょうか。

自然や社会から分離してきた経済の終わり

これまでの流れのなかで近代に行われてきたのは、経済を自然や社会から分離し、経済を経済として自由に機能するようにしてきたことです。分離して自由になっていくことをエネルギーとして、経済は物質的発展へ向かう推進力をもつことができたのですが、その推進力を消耗して、行き着くところまできた時、経済がエネルギーをなくしてしまったのが現在だといえます。

そこで大切なことは、経済が自然や社会から分離してきたこと自体がパワーになっていったのではなく、分離していく過程そのものが力だったということです。しかし、多くの事業家や経営者たちがそこを見誤ってきました。「経済は経済として、純粋に利益を追求していけばうまくいく」と考えてきた人たちが多かったのですが、ようやく、必ずしもそれだけではないことが、目に見えてはっきりするようになってきました。

それがいま、未曾有の大不況といわれる事態、生活者にお金があるのにモノが売れないという事態、絶対潰れるはずがないといっていた金融機関や会社が崩壊するといった事態などとして表われていることなのです。

これから我々がしていかなくてはならないことは、自然や社会から分離してここまできて限界にぶつかり停滞をはじめた経済を、今度は逆に自然や社会との一体化の方向へと動かすことで引き上げていくことです。

これを別な言葉でいえば、分離の行き着いた果てに自己破壊的な作用すら含んでしまった経済の時代から、経済が人間や他の生命にとってよりよい自然や社会を再構成し、建設していくという新しいステージに入ったということです。そして、この建設を引っ張っていくことができるのは、経済資本の力よりも、文化資本の力によらなければならないでしょう。

たとえば、生活用品や住宅などの商品はこれまで、自然や社会から分離して自由になることで経済として成り立っていました。しかし、そうした分離が行き着くところまでいってしまったこれからの時代の生活用品や住宅にとってのテーマは、自然環境や社会環境と生活用品や住宅との非分離な空間をどうつくりあげていくか、にあります。具体的には、生活用品や住宅を取り巻く生活空間、街並み空間、都市空間との非分離の状態をいかにデザインしていくか、ということになります。

これらの設計を牽引することができる力こそ、文化資本なのです。

たとえば、銀座という街はかつては掘割が縦横に走る水の街でしたが、しだいに商業空間と水との分離を強めていき、ついには完全に埋め立てて高架の高速道路を走らせるようになりました。それに対していま銀座では、分離した水の側から現在の銀座を眺めてみるところから、新しい銀座の街づくりを構想しはじめています。

もはや、それ自体で魅力をもった商業都市や商品が成り立った時代は終わり、豊かな広がりをもった非分離の空間づくりとともにそれが構想・開発されていく時代に入っています。

そのように、自然や社会との非分離を設計していこうとする新しい経済の動きが、あちこちに見えはじめてきました。

　こうした非分離の空間づくりへと経済が向かうことが、これからの経済の新しいエネルギーになってきます。もはや、商品を中心に企業経営を考えていく時代は終わったということです。すでにそのことに気づいた企業では、商品中心から資本中心へ、そして経済資本中心から文化資本中心へという転換が、真剣に検討されるようになってきた、といってよいでしょう。

地球規模のビジョンと具体的な場所のビジョンをもつこと

　経済が自然や社会からしだいに遊離し、かつ分離していくことによって、地域の歴史性や文化性の組み込まれた具体的な場所、つまり非分離の空間が無視され、全国的な画一市場という抽象的な場所で商品が売られてきたのが、これまでの経済のあり方でした。

　しかし、いまや地球規模のビジョンをもつことと同時に、各地域それぞれの具体的な場所に基づいたビジョンをもつことが重要になってきたのです。

　全国的な国民市場から世界市場へ出ていくという時代は終わり、これからは具体的な個々の場所の市場から世界へ、地球規模の市場へ出ていくことが大切になってきます。

　自然や社会から経済を分離したということは、現実世界から経済を分離して経済を主語にした、ということができます。商品もまた同じように主語として分離され、個別化されてきたわけです。

そこでは、あらゆる物事は、現実世界から主語として取り出され、個別化されることによってはじめて物事として扱われてきました。

しかしながら、これからの非分離の空間づくりへ向かおうとする時代では、主語化されないもの、主語として対象から分離されないもの、つまり述語的な非分離の状態をしっかりととらえていくことが重要になってきます。

たとえば、夏目漱石の『草枕』には、次の有名な一文のように、主語のない文章がたくさん出てきます。

「智に働けば角が立つ。情に棹させば流される。とかくにこの世は住みにくい」

こういう主語のない述語的な表現は、単に主語を省略した表現ではなく、日本語の大きな特徴として、いまなお盛んに用いられているものです。

「……とかくにこの世は住みにくい」とは、主人公がそう考えるのか、作者がそう考えるのか、賢人がそう考えるのか、一般人がそう考えるのか、いろいろな主語で同時に考えられています。こうした述語的な表現によって、多様な主語、多様な主体というものを表現することができています。そうした世界の総合的なあり方を表現することが、主語を分離して立てないがゆえに可能になっているのです。

文化資本の働きは、こうした具体的かつ総合的な非分離の空間をつくっていく点で、日本語などに特有な述語的な表現、あるいは述語的な知識の働きと共通するものがあります。私たちはこれは大変重要なポイントだと考えています。

文化資本がいまだ十分に生かしきれていない企業は多いことと思います。さらには、自社の文化資本の所在を明確に認識できていない企業もあることでしょう。そうした企業はそのままであれば、独自性や魅力を失うことになるでしょう。消費者が離れていきますし、社員も離れていきます。

それでは、どうしたらいいのか。どのように文化資本経営のシステムを整えていけばよいのか。その基本的な要点を、さまざまな事例とともに考えていこうというのが本書の趣旨です。新しい時代へ向けての企業経営の転換を、これからのビジネスのあり方の展望を、真剣に考えておられる多くの方々に、ぜひとも最後まで読み進んでいただきたいと思います。

本書は資生堂と文化科学高等研究院の共同プロジェクト「Fボード」で行われた一一回の共同討議（一九九七年四月〜一九九九年三月）をまとめたものです。

討議のメンバーは資生堂会長・福原義春、文化科学高等研究院の山本哲士、福井憲彦、谷口江里也の四名。また討議には、藤井貞和（東京大学教授）、陣内秀信（法政大学教授）の両氏から貴重な情報提供を受けています。

なお、本書をまとめるにあたっては、資生堂企業文化部の小俣千宜、吉田伸之が討議記録を作成・整理し、三交社の高橋輝雄が構成を担当しました。

本書は学問的な研究書ではありませんので、経済学や哲学のような既存の学問の枠組みのなかで語られていません。まだ今日では問題提起の段階であり、できるだけ理論的な考究は避けるようにしましたが、補章で全体にかかわる理論的な諸問題の素描をしてあります。特に補章を読まなくとも一般的な理解ができるように記したつもりですが、必要に応じて参照していただければ幸いです。

1章

文化経済の時代の到来

文化が経済の力になるとはどういうことか

豊かな文化資本をもった企業が伸びる

企業活動は文化を生産している

価値ある商品を生み出す企業の活動が、単に経済生産であるだけではなく、同時に文化生産でもあることはいうまでもありません。

ただ、ひと昔前の経営ではそれほど文化生産という観点は必要とされませんでした。それは第一に、文化は商品によってつくり出されるものではなく、学問や芸術の成果によってつくり出されるものだ、という考え方が強かったからだといえます。

たとえば、あまりたくさん売れない純文学小説は文化だが、大量に売れる大衆小説は文化ではない、とされた時代がありました。前者は商品価値が低く、後者は商品価値が高い。あまり商品価値が高いものは文化の名にふさわしくなく、文化というにしても通俗文化、低級文化である――そのようにみなされた時代がありました。

その時代、文化は商売にならないと考えられましたから、企業が文化を生産しているなどというのはきれいごとにすぎず、あるいは企業経営者の道楽以上のものになるわけがないとみなされるのが一般的でした。

しかしながら、企業が学者や芸術家とは別の領域で、さまざまな手応えある文化を生産し続けてきたのは疑いないことです。また、いまの企業にとっては、文化生産という観点はなくてはならないものにまでなってきています。人々が、商品やサービスについて、より文化的な満足の得られるものを求めるようになってきたからにほかなりません。

そのように、経済利潤を生み出す活動と文化を生み出す活動が、より切っても切り離せない方向へ動いていくところに、現代の経済社会の大きな特徴があります。にもかかわらず、これまで企業の活動といえば、経済活動の側面からばかりとらえられてきて、その文化活動の面からの把握がまったくおろそかにされてきました。それは企業自身にも、研究者にもいえることです。

企業にとって文化資本とは何か

同じことが企業の経営についてもいえます。文化生産が重要なテーマになってきたにもかかわらず、文化資本経営という見地で経営をとらえていこうとする研究は、いまだ本格的に登場しているとはいえません。

それでも日本には、いかにして文化を経済として成立させるかに、大きな努力を払ってきたといえる経営者も少なくありません。そこには、企業は単なる物資を生産してきたのではなく文化を生産してきたのだ、単なる物資を売ってきたのではなく新しい文化を育ててきたのだ、という自負があろうかと思います。その意味から、これまで築き上げてきた文化的な蓄積をどう生かすか、これからどのような文化的な蓄積を築き上げていくかは、企業活動の根本にかかわってきます。

企業にとって資本といえば、これまでは「経済的な元手」としてばかり考えることが多かったのですが、実際の企業活動はさまざまな文化的な蓄積をも資本としており、これまで文化資本経営を志向してきた企業では、特にその面が強いのではないかと思います。

そこで、これからの経営を考えるには、経済資本に対する文化資本、あるいは経済市場に対する文化市場という領域があることを検討してみることが、たいへん重要になってきます。

この文化資本という領域は、これまでの近代世界が大きく変貌し、経済の新たな水準が生まれつつある現在、しだいに顕著な動きを見せるようになってきています。

経営とは経済的・文化的・社会的な総合活動

文化資本経営とは何かをひとくちでいうなら、次のような多様な技術を総合的に生み出す技術だといってよいでしょう。

「異質な相反する物事を調整・接合して、一定のスケールで、固有なものに創造する調整技術・生産技術・創造技術を総合産出できる技術」

そもそも文化とは「異質な相反する物事の出合い」によって生み出されるものです。延々たる同質性の持続から文化は生まれることはありません。ですから文化資本経営とは第一に、そうした「異質なものの出合い」から生まれる文化を、自覚的な技術によって生成させていこうとするマネジメントだといえます。

文化資本経営はそうした総合的な技術であり、次のように文化的・社会的・象徴的であると同時に、経済的な総合活動でもあります。

①どこにもなかった新商品、新サービス、新システムなどを生み出していくように、目に見えない何かを目に見える形にしていくという「文化化」

②商品を社会的なスケールで普及していく「社会化」

③信頼、誇り、尊厳や権威を表象する「象徴化」

ここでいう「象徴化」とは、ある実質のある物事が実態から離れて、象徴性をもって信頼や尊敬を得ていくことです。この象徴化がいいかげんになると信用を失うことにつながります。ですから、象徴資本としての働きを得るような象徴化がなされることが大切です。

たとえば、会社が危機に陥った時、社員や組合が進んで資財を提供したりして、自主的に働いて会社を再生させようという動きをするのは、象徴化の次元においてしっかりと象徴資本が形成されているためです。

経営はこのように、文化化、社会化、象徴化を形成しながら、それらを可能にする経済を動かし総合して、再び経済化を進めていきます。文化資本経営とはこの三つのプロセスに最も自覚的であろうとする経営だといえます。

文化資本経営はそうした自覚から、自らの経営を言葉で語り、表象し、場所をつくり、資本を形成していくものだといえます。そこで文化資本経営とは、「語り・記し・作り・育てる」ための、「アート・知識・設計・デザイン・資本」に関する文化的・社会的・経済的な総合活動をめざすものといってよいでしょう。

そこでは、自らの活動がどのような社会的影響をもちうるのかということに、自覚的な経営がなされるようになるでしょう。

経営活動の活性化を可能にするのは文化資本の働きである

以上は、各企業が実際の経営活動でさまざまに実践していることにほかなりません。ただ、このように経営活動に照明をあててみますと、経営の中心的な活動が「すでに構造化されているある潜在性を顕在化させていくこと」にあることが、よくわかると思います。つまり、「見えないものを見えるようにしていくこと」にほかなりません。それは文化化、社会化、象徴化のすべてについていえることです。

こうした経営活動の活性化を可能にするのが文化資本の働きなのです。

これまでの企業活動のなかで構造化されてきた潜在的なものを、現実のものとして顕在化させていく――この「構造化する構造」のパワーが文化資本の本領です。ですから文化資本とはつまるところ、「異質な外在性を内在化して、新たな外在性として生み出すこと」(文化生産)の原動力なのだといえましょう。

文化資本の働きによって産み出された商品やサービスは、他の商品やサービスと重なる部分をもちながら、同時に重ならない部分をもちます。また他の商品やサービスとの境界を際立たせもします。そうした文化的な独自性を形づくることで価値を形成していきます。文化資本は、そうやって、まさしく文化的な魅力に満ちた商品やサービスを産み出していくところに大きな特徴があります。

どんな企業でも、歴史的な時間の経過とともに文化資本を蓄積してきています。

原初的な文化資本というものは、外在性を受け入れて、それを内在化することで形成されます。これが第一次資本です。たとえば近代の初期に「欧米」という外在性を受け入れて、それを自らの内在性として形成したものなどがそうです。この第一次文化資本、いわば「生まれ」を土台にして、そのうえでさらに新たな外在性を内在化することで形成されるのが第二次文化資本、いわば「育ち」です。

この「生まれと育ち」を、さらに三次、四次というより高次の文化資本へと形成していくわけですが、これは経済資本のように無限に形成されていくものではありません。ある場所にふさわしい規模で限定されていくものです。文化資本がないと規模を見誤り、規模を見誤ると文化資本は崩壊します。

経済資本が文化資本の規模を超えて作用しはじめますと、組織や機構が解体してしまいます。近年、日本でも有数の企業で明らかとなった粉飾決算や債務隠しなどの事態は、まさしくそうした規模の見誤りから起きたものといえるでしょう。

ですから、そのように経済倫理の問題として顕在化している物事については、経済資本の問題としてではなく、むしろ文化資本の問題としても考えていかなくてはならないでしょう。

「経済・文化・環境」の総合活動が存在するようになってきた

近代に生まれた産業主義の経済活動は、現在、活発化すればするほど、社会や文化、環境を壊すように作用する傾向をしだいに強めるようになってきています。そして、そうした事態に対して、これまでのように、あれこれとたくさんの規制を設けて乗り越えていこうとすることが、ほとんど何の役にも立たないこともはっきりしてきました。

はっきりいえることは、経済活動のあり方が従来の産業中心のあり方から根本的に変化していかない限り、破壊がやむことはないだろう、ということです。それならば、経済活動はどのように変化していくことが望ましいのでしょうか。

それについては、すでに根本的な変化への兆候が見えてきていることに注目しなくてはなりません。これまでの単一経済システムが崩れ出しているのです。この事態をとらえるには、次のように経済活動を三つの領域に分類して考えてみることが重要です。

①経済資本、経済生産、経済市場
②文化資本、文化生産、文化（経済）市場
③環境資本、環境生産、環境（経済）市場

最初の「経済資本、経済生産、経済市場」は、いうまでもなく以前から存在していたものです。次の「文化資本、文化生産、文化（経済）市場」は、すでに述べましたように、以前から存在していましたが、近年になってはっきりと顕在化するようになってきました。その次の「環境資本、環境生産、環境（経済）市場」は、環境を実際につくり出していく活動として、しだいにその重要度を高めてきています。

重要なことは、一つには「経済資本、経済生産、経済市場」だけではなく、「文化資本、文化生産、文化（経済）市場」が無視できない大きな展開をはじめていること。そして二つには、いまだ不十分ながら「環境資本、環境生産、環境（経済）市場」がようやく動き出したということです。

たとえば、緩衝材や梱包材を自然へ分解して環境にとけこむようなものへ替えたり、紙を大量に使用する企業が原材料としての樹木の再生産を活動に組み込むとか、あるいは地場産業が地域の環境条件と密接に結びついた生産を組織したりといった例が、身近に見られるようになってきています。

環境とは、その外部から働きかける「対象としての自然」ではなく、その内的なパワーの解放の仕方しだいで価値を高め、つまりよりよいものとなり、その価値を増殖させていくものとしてあります。この環境生産が文化生産と結合し、少しずつですが経済生産と結合しはじめている事態は、これまでにはほとんど見られなかったまったく新しい事態だといえます。

この新しい動きは、いまや近代から超近代への飛躍がはじまっており、文化・環境を含んでの「複合経済生産」という新たな水準が組み立てられようとしていることを指し示すものだと考えられます。この複合経済への飛躍は、経済利潤主義や労働価値論などに象徴される、これまでの単一経済の限界を明らかに超えていくものです。

実際に産業経済の社会化が進行し、市場経済の社会化が進んでいます。社会利益に反する経済のパワーはいま、最後の爆発期に入り、しだいに衰退へと向かっています。また、商品の多元価値化が進行し、消費社会が経済化し、それらが実際に作用しています。さらに人間行為の多様化が進行して、好みが個人化しています。そのようにして、市場は急速にこれまでの単一性を失いつつあります。

一つには、大量生産・大量販売によって経済が社会を覆っていく形が崩れていることが物語っているように、社会のあちこちで、単一経済の限界をあらわにするさまざまな現象が起きています。それらの現象は、複合経済生産ができあがりつつあり、そのベースが着々と敷かれつつあることを意味するのでしょう。

文化経済はこうして成立する

社会関係の変化とともに文化は経済の要因として働く

それでは、文化はどんな場面で経済として成立するのでしょうか。それをひとことでいうならば、「社会関係の変更が起きた時」となります。

社会関係を変えるところまでいかなければ、文化は依然として経済資本の外にあるほかありません。逆にいえば、文化経済は社会の諸関係を変えていくことを組み込んだ経済なのです。

こういうと難しそうですが、それはすごく単純なことです。たとえば、気に入った服を見つけ、それを身に着けてみて大きな喜びを感じた時、そこでその人にとっての社会との関係が変わっていきます。そのようにして文化経済の場が開かれていくこと。そこが決め手であり、そこまでいかないと文化経済にはなりません。

かつて藤岡和賀夫さんが電通のプロデューサーとして、「モーレツからビューティフルへ」と「ディスカバージャパン」という、二つの大きなキャンペーンを手がけて成功させたことがあります。これは社会の価値観の変更を主張したものであり、このキャンペーンをもって社会関係が変わったわけではありませんが、社会関係を変えていく力へのヒントにはなるかもしれません。

これまで述べてきましたように、文化資本の形成過程では、さまざまな資本の転換と生産が行われています。整理すると以下の四つが主なものとなります。

①歴史的な象徴資本を文化資本に転化して生産する文化的な再生産

②蓄積されてきた経済資本を文化資本へ投下して生産する文化生産

この二つの再生産と生産によって、新しい想像力を喚起するような力の働きが形成されると考えられます。それをいま仮に、想像資本の形成と呼びましょう。この想像資本が次の二つの文化資本の働きへつながります。

③文化資本を経済資本に転化して生産する想像生産
④文化資本を象徴資本へ転化して生産する象徴生産

ここで①は、歴史のなかでつくられてきた象徴的な力が、現在のなかで見直されて再生されたり呼び戻されたりして、もう一度つくり出されることです。それは、過去のパワーが文化資本に転化されているからなしうることで、ブランドづくりはその典型例です。

また②は、経済資本でつくられた余剰を文化にまわして消費するのではなく、自らの力としてつくり出し、資本化していくことです。文化を消費するのではなく、文化を生産することによって資本を形成し、現在を豊かにするような伝統づくりへかかわっていくことです。

そして③は、すでに手元にもっている文化力を経済化するように、商品を開発したりデザインしたりして、単なるモノづくりではなくモノにまつわる情報や雰囲気を含んで、場所にあった商品づくりとして、想像的な領域を切り開いていくことです。

最後の④は、文化の力を象徴の力へ表象することで、実質をもった象徴資本化を進めることです。コーポレート・アイデンティティをかねた象徴力をもつ空間づくりなどは、その典型でしょう。

これからの文化経済の時代では、③の想像生産をいかに行っていくかがポイントになってきます。

この想像的な生産の場は、人々が実際に関係し合う社会的な場になります。それは文化と経済にはさまれた「社会」であり、商品を生産する企業と商品を消費する生活にはさまれた「社会」です。

この「はさまれた」位置の本来あるべき姿の実現によって両者をつないでいく生産、あるいは両者の橋渡しをしていくのが想像的な生産と考えていただければよいかと思います。

それがなぜ想像的なのかといいますと、実際的な人と人が関係し合う世界を基盤にした想像的な真実（イマジネイティブ・リアリティ）が、これまでになかった新しい現実性を発見し、生み出していく力となるからにほかなりません。

文化は自己生成しながら価値を変革することがある

いま起こりつつある経済の文化経済化とは、新しい動きであると同時に、本来の経済としてのあるべき機能が回復され、きちんと作用しはじめるということでもあります。そうした時代に入ってきているいま、文化を社会の変化と結びつけている経営者と、文化を単なる余剰の投資と考えている経営者との違いが、しだいに鮮明になってきています。

文化と社会の結合を考えている経営者は、文化経済の領域までを射程に入れています。それに対して、文化をあくまでも支援だとか、余ったものの配分だとかと考えている経営者は、基本的に文化は余計なものだという理解に立っています。

経済はもともと動くものだという感覚がありますが、文化は蓄積もありますから、固定的なものだと考えがちなものです。しかし文化は、自分で自分を生成しながら価値を変革していく性格をもっています。そんなことはない、単に生まれて残るものが残っていくだけだと考えるならば、古くからの文化の蓄積にだけ重点が置かれてしまうでしょう。

そうした発想からは、経済の文化経済化をにらんだ新しい経営のスタイルを生み出すことはできません。そうではなく、自己生成しながら価値を変革していくという文化の特質に、これからの経営のヒントがあることに気づいていかなくてはなりません。

ただ、優れた作品は、一〇〇年前のものだろうが、二〇〇年前のものだろうが、常に現在的な力をもつと思います。いまは作品とは評価されずに資料にしか見えないものでも、将来の別な読み取り方によって、その作品性が見えてくる資料もありうるでしょう。

ですから、資料と作品を簡単に区別して安易に切り捨てるようなことはしないで、過去のものは大事にしたほうがよいと思います。後世の人が何を発見してくれるかわかりません。そもそも、作品と資料という区別自体が問題だともいえるでしょう。

また、一点だけならば作品とはいえなくても、ある一定の量や並べ方によって意味がまるで違ってくる、ということがあります。作品の場合はつくった人や時代の意志が出ますが、コレクションの場合はそれを集めている人や守っている人の思想が出ます。その意味からも、たとえば企業が制作したポスターにしろデザインにしろ、優れた事業活動の例にしろ、過去のものをきちんと蓄積し伝承していくことが必要だと思います。

文化の影響関係は循環する

文化とはまた、相互に影響関係を取り結び、そうした循環のなかで新しい質を生み出していくものです。

たとえば、一九世紀末からヨーロッパで流行したアール・ヌーボーは、シノワズリー（中国趣味）やジャポニズムという形で、日本や中国の影響を受けているものです。そうなのですが、面白いことにアール・ヌーボーがパリで流行したのを受けて、日本人トップデザイナーたちはそれらを換骨奪胎して独自に作品化していきました。

資生堂はそうしたポスターをたくさん制作してきましたが、それを「アール・ヌーボー形式」と呼んでいます。これについては、資生堂がルーブルの一角にあるパリ装飾美術館で、そのポスターの展覧会をやった時の面白い逸話があります。

資生堂のある社員が、「これは資生堂のアール・ヌーボー調のポスターです」といったところ、装飾美術館のキュレーターから「これのどこがアール・ヌーボーなのか。これはしいて言うならばアール・デコというべきものである。下のミュージアムショップでテキストを買ってきて、もう一度勉強しなさい」と反論された、というエピソードです。

日本人がアール・ヌーボー調と思った作品を見て、「どこがアール・ヌーボーなのか」といったのは、それがもはや、日本人のオリジナルとなってしまっていたからです。もちろんフランスからの影響を受けているのですが、フランス人からすれば、これではとてもアール・ヌーボーとはいえない、となるわけです。そのうえ、表現も二次元だと指摘されました。

資生堂の初期デザイナーの蓄積には、「忍冬唐草」とか、「隆房卿艶詞絵巻」とか、琳派などが入っていて、そのうえでのアール・ヌーボー風スタイルだったので、アール・ヌーボーとはいえないというのが正しいのかもしれません。

確かに、フランス人が日本的なそれを、アール・ヌーボーではないというのはよくわかります。アール・ヌーボーを支える意志は、あまりにも重い歴史や権威や様式に対するアンチテーゼであったわけです。そういう意味では作品は武器でもありました。

それに対して資生堂の作品には武器という発想はありませんから、まったく感じが違ってきます。資生堂の作品には、はじめから軽快でモダンで新鮮なものという、肯定的な雰囲気が漂っています。そのため、フランス人には、直観的に違うものと映ったのだと思います。

そういう受け止め方の違いはありますが、ヨーロッパにも日本にも、その背景には膨大な伝統があります。このように、東洋の影響を受けた西洋の芸術がさらに東洋に影響を与えるといった、異質なものの衝突に加えて、循環があることもまた、文化の大きな特徴の一つでしょう。

いずれにしても、伝統のないところに本当の意味での新しいものは出てこない、ということがいえると思います。

文化複合には葛藤や対立がともなう

こうした文化の影響関係は、カルチュラル・ミクスチュア——異なる文化の出合いと交わりの問題になりますが、それこそがむしろ文化の正常な姿なのだといえるでしょう。「文化は複合体であることが前提なのだ。純粋だというほうがおかしい」ということです。

資生堂が大正末期から昭和初期にかけて制作したポスターは、日本が元来もっていた文化に、アール・ヌーボーとアール・デコの両方が混じったものでした。そこで、もはやヨーロッパの歴史的文脈とは違っているのです。実際には、アール・デコの人たちはアール・ヌーボーを否定したわけですが、日本では両方が混交しているのです。

そうやって、別個に質の高いものが生み出されていきます。

最近、ベルギーや東ヨーロッパではいろいろと興味深い現代芸術の動きが出ています。その一つが伝統に対する反発と呼応です。それらの地域は歴史的に文化の出合いや混合が豊かにあった場所です。アール・ヌーボーはベルギーに発生したものでしたし、チェコやハンガリーでも盛んでしたから、そうしたことも関係しているのではないかと思います。パリで爆発的に流行したのも伝統への反発が引き金で、そこでは非フランス人の芸術家たちが重要な位置にいました。

こうした異なった文化の出合いや混合では、葛藤や対立が起きることが大事だと思います。たとえば、西洋のものを受け入れる側の日本において、その中心的な芸術のあり方との対決が起きるなど、何らかの葛藤を起こします。今後についても、ヨーロッパ的なものやアジア的なものを受け入れる場合、何をどのように選択するのかというところで、さまざまな葛藤が起きてくると思います。

文化複合には、異なるものが出合って、新しいものができることもあれば、古いものに対する強烈な抵抗もあります。これを文化資本経営における文化資本の問題にとって返せば、それはたとえば、単にポスターを積み重ねていくようなことではなく、絶えず文化の不連続性を起こすことだといってよいでしょう。

しかしながら、経営の立場からすると、不連続性を起こすことはかなりの冒険になります。連続性ならばいまの組織のあり方に乗っていけばいいかもしれませんが、不連続性となると、組織体が不連続性を意識的に動かす仕掛けをつくっていかなくてはなりません。企業だけではなく、大学などの研究機関も含めて、これまでの組織には、そういう仕掛けは入っていませんでした。

それが、近代という組織の性格をよく示していると思います。

文化と経済が対立しない場をどう生み出すか

商品以外のものをつくり出せる可能性を生み出すこと

企業活動とは本来、利潤、儲けだけを唯一の目的とするものではなかったはずですが、企業組織の存続が第一とされるようになると、もっぱら利益を重視する経済に追い込まれてしまう、という認識をもつことが大切です。

利潤の獲得へと追い込まれている発想では、何はともあれ売れる商品づくりが前提となり、そこから物事を組み立てていくことになります。そこでは、社員が豊かなアイデアを生み出していくことのできる環境なり場を与える余裕がなくなり、広がりのあるアイデアを生むためには非常に無駄なものが入ってくることにもなります。

本来の企業活動としては、逆に社員の創造力や自立性を保障できる場をまず前提としていくことです。そこでは、商品以外のものをつくり出せる可能性があります。人間が育つとか、人間的な場がつくり出されるという可能性もそこにあります。この商品以外のものをつくり出せる可能性が、結果的にすばらしい商品を産み出していくはずなのです。それが売り上げにつながっていくのが望ましい姿といえるでしょう。

そこが資本の運営や経営で大事なところであり、企業文化や企業風土にも大きくかかわってくるところです。

しかし、多くの場合、「文化は企業経営にとってどういう効果があるのか」というように問題が整理されていきます。商品や交換価値はそこへ向けてつくっていくものだと発想されているからです。そうではなく、社会に対して、人類に対して、文化に対して、商品や価値をどうつくっていくのかということは、企業の大きな目的であり、そこへ向けての活動が多くの人々に受け入れられることによって、企業にとっての経済活動も可能になるのです。

経営の現実と接点をもった文化資本経営でなくてはならない

企業にとっての資本運営は、文化資本の働きを重視すれば、それだけ長期的な持続という観点が重要となり、長い時間軸で見ていかなくてはなりません。ですから文化生産の軽視は、長期的な持続には耐えきれないのではないかという考え、あるいは短期に得られる利益を逃すことになるのではないかという考えが、強くなってきたことに関係していると思います。

しかし、そうした持続がなければ、社内で文化資本を共有していくことも困難になり、その発展・展開のプロセスを生み出すことも難しくなります。

しかしながら、そもそも多くの日本企業は、それぞれが独自の企業文化を大切に育てあげ、文化資本の共有と展開をエネルギーとして、古い枠組みを壊したり乗り越えたりしながら、革新を遂げてきたのだといえます。

それに対して、経済資本の働きを重視すればするほど企業成績は、たとえばアメリカのように、各四半期（三ヵ月）ごとというきわめて短期の評価で行われることになります。その四半期で成績が悪ければ、経営者の力量が問われるのが常識だと、そういう状況になっています。

そのように短期勝負の企業文化では、基本的に「革命主義」となっていきます。前の経営者の方針や考え方を後の経営者が徹底的にぶち壊して革命する。その連続が、アメリカの多くの企業の活動エネルギーになっているように思います。

しかし、本当の問題は短期か長期かというところにはありません。

産業的な観点では、企業と文化は対立関係、あるいは無関係のようにとらえられてしまいますが、この問題は次のように考えていくことができます。

第一に、本質的には企業活動と文化の形成は同時並行であるべきもので、その本質的な関係に立った企業活動を、歴史的な変革の時間軸において目標とすること。

第二に、実際の経済基盤を高めるような企業活動を展開していくこと。

第三に、第一と第二を別々に考えるのではなく結合させていくこと。つまり、第二の企業活動は第一の前提に立ったところから展開を考えていくこと。

このように、当面の課題と将来的な課題を混同することなく、区別しながら結合させていくこと。そうしていけば、経済効率だけを重視した目先の短期的な企業活動の積み重ねではなくなるはずなのです。また、理想だけを追って当面の課題を軽視することを避けることもできます。

そのように、歴史の変革と実際の企業経営活動との関係の取り方、時間の取り方を鮮明に見せていく企業活動を生み出していかなくてはなりません。

現実との接点を取りながら、目的へ向けて変革していこうとする姿をどう見せていくかということだといえましょう。

分配の局面を文化資本優位に転換することが大切

企業と文化の関係については、企業が儲けたものを社会・文化に還元するという立場からは、商品の価格を下げて社会に奉仕する面が必要だという考え方もあります。そういう局面が大切な場合もあるでしょうが、本来的にはそうではなく、企業の文化的な役割は、よりよい商品をつくることをもって、社会・文化に還元していくところにあると思います。

たとえば、料理も単に素材の加工に対してお金を払っているのではなく、料理を食べる場の雰囲気まで含めて、さまざまな文化的プロセスに対して払っているわけです。ですから、「原価率が何パーセントだからこの定価にする」というのは、価格の決め方の一つにすぎません。

原価主義から一定程度自由な発想は、商品中心の発想からは出てこないものであり、以下に見るように、資本を中心とした文化資本経営によって可能となるものです。

これからの企業は、文化資本を投入して商品をつくるべきであり、経済資本を高めて利益が上がったから文化に投資しようということでは本物の文化はつくれません。文化資本は人間が支えているものであり、また文化資本は人間を支えるものでもあるのです。その時、資本は経済的な一対一の交換関係を超えて、コミュニケーション——人と人との多様な関係性の次元で動いていくようになるのです。

企業活動を産業社会のステージにそのまま乗せると、文化資本的なものと経済資本的なものが対立します。そうなると、それを調整しようとする社会的な動きが作用することになります。そこで何がはびこってくるかというと、経済利益を確保するために、暗黙のうちに文化性の排除の意識を共有しようとする、きわめて仲間主義的な閉鎖的社会関係の世界です。これまでいわゆる業界内で行われてきた談合などは、その代表的なものといってよいでしょう。

こうした調整の形は企業内でも再生産されがちであり、内部から文化資本を侵す役割を果たすことになっています。この悪循環を抱えた企業は決して少なくないと思います。

しかしいま、こうした形が破綻しはじめています。そこで現在、目につくようになっている動きは、文化と経済の両方を立てて、そのパワー関係で調整しようという動きです。もはや仲間関係を軸に動かすことはできない、そこで権力関係の階層的な秩序をうまく調整していかなくてはならない――そうした動きです。

いまはとりあえず、一般にどのようなことが新しい価値として要求されはじめてきたかを横目でにらみながら、文化をある程度生かしていこうと、そうしたパワー関係ゲームに入っている状況だと思います。そういう過渡的でネガティブな現象がいま起きています。

そこで大切なことは、文化資本と経済資本の対立を文化資本優位の側に転換するような、そういう社会資本の経済的な領域をつくらなければならない、ということです。

そこで対象にしなければいけない領域は、生産の局面ではなく、分配の局面です。この分配の局面を文化資本優位に転換するためには、商品の流通域であるそれぞれの具体的な環境や場所の側から考えていくことです。交換経済の側からやるとパワーゲームに陥るしかありません。

文化資本経営をめざす企業はいま、この転換ができるかどうかの瀬戸際に立たされています。そこでは、仲間主義はもちろんのこと、決してパワーゲームに陥ることなく、しっかりと「文化経済」の動きをつくっていく機能を社内に組み立てる必要が出てきていると思います。

産業経済最後の段階で起きている新しい経済の動きをつかめ

自由競争と公益性の対立をどう超えるか

現在、自由な市場競争がこれまで以上に徹底して推し進められようとしています。そこである種の反作用として、そうなってくると商品の品質が悪くなったり、公共の利益が侵されたりする事態が出てくるのではないか、という意見も出るようになっています。

たとえば、新聞の再販制の維持について、新聞を市場の自由競争にさらせば、必ず質が低下して公共の利益に反するという主張がなされています。しかし、バブルの時はバブルをあおり、バブル崩壊後はその後始末をなんとかしろとあおる——そういうことは果たして公共の利益に沿っていたのでしょうか。そう考えると、なぜ新聞だけが自由な市場競争にさらされてはいけないのか、という気持ちをもたざるをえません。競争の原理を失うと、しばしばそこを超えて新しい次元へいこうとする活力を失うことになってしまいます。

しかし、自由な市場競争と公益性の対立をどう超えるか、両者をいかに並立可能なものとするかは、重要な課題です。文化も公益も、ある種共通な共同性に支えられるものです。文化に資本展開の軸を立てていこうとする文化資本経営では、何をもって公益というか、何をもって自由競争というかを押さえておかなくてはなりません。

いつだったか東大の青柳正規副学長（現東京大学大学院人文社会系研究科・文学部教授）が、「公益とは『次代の若者たちに負債を残さない』という意味で『サステイナビリティ』と考えたらどうか」という意見を述べられたのは印象的でした。この言葉は考えの方向を示唆してくれています。

場所市場の開拓が地球市場の開拓となる

公益と公共についてはまず、市場との関係でその基本原理がずれはじめているところに注目すべきでしょう。それは特に、住民投票と市民社会法との関係で顕在化しはじめています。

たとえば、原子力発電所とかゴミ処理場をつくる時には、必ず住民投票の問題が出てくるようになっています。原子力発電所をつくろうという側は、公益のため、日本人全体に電力を配当しなければならないと主張します。一方、住民の側は、自分たちの生活の場所にこんな危ないものをつくるわけにはいかない、ということを主張します。

そして多くの場合、住民投票では原発反対が決議されるようになっています。この場合、住民投票の論理は場所の市場をつくっているのだといえましょう。それに対して、原子力発電所は国益のためだという論理は、全国市場をつくっています。

このように、現在では場所の市場と全国の画一市場との政治的な対立関係が、しだいに顕著に出はじめています。文化資本経営では、それが同時に商品市場においても出はじめていることに注目することが重要となってきます。

これまでは、ある場所に原発をつくるのは日本の国益のためだという論理でしたが、現在では地域住民だけではなく近隣諸国からしても、そんなところに原発をつくられては困るという主張と向き合わざるをえなくなっています。そしてさらには、地球全体の問題にまで広がっていくことを避けることはできません。

そこで、場所の論理が地球の論理と直結してきます。それに対して、国益という全国市場の論理は、大きな負荷を場所と地球に与える市場の論理となってきます。企業の経済的な市場のレベルでも、これからはますますそうした市場の矛盾が出現しはじめることになってきます。

市場競争という問題をめぐり、公益や公共性の基準をどこに置くのかという対立が起きているのです。一方は国益として国に置く形あるいは市民社会に置く形であり、もう一方は場所と地球に置く形だというのが、現在あらわになってきたことだといってよいでしょう。

たとえば、日用品は世界中で売られていますが、それを「迷惑なことだ」と考える人々が少なくないことも事実でしょう。仮に、グリーンランドでたくさん商品が売られ、その瓶が大量に捨てられたとしたら、イヌイットの人たちとしてはたまらないことです。そういう問題をどう考えるか、ということはとても重要なことです。

しかしながら、それをあまり机上の理論として突き詰めていくと、結局企業は何にもしないほうがいいということになり、生活に必要なことが満たされなくなってしまいかねません。そうではなく、これからは、具体的なそれぞれの場所を念頭に置いた、微分的な経済の活性化がはじまるということです。市場を積分し巨大化していくのではなく、場所を限定した微分市場がどんどん開かれていくことになるでしょう。

これからの経営アイデアにとっては、そこへ向けて何をやっていくかというテーマなしには語れないほど、市場競争と公益性の問題をめぐって、微分市場の開拓が大きくクローズアップされはじめてきているのです。

資本がより自由に活動できる条件が整った時代

現在の資本主義は経済利益第一主義となっていて、商品生産中心主義となっているだけではなく、流通網を独占するという形で、分配の寡占化、あるいは分配の産業化がもたらされています。そういうなかで企業文化が失われていき、文化のように目に見えないものは、効率的ではないので切り捨てていいんだと、これまでの論理ではそうなっています。

そうすると、そこを乗り越えていくためには、結局は「資本主義社会はこのまま成り立っていくのか」という問題に突き当たる、という考え方があると思います。

しかしながら、そうした「行き着くところまできた」という限界にぶつかっているからこそ、逆に、資本が本格的に生きる社会になっていく可能性が出てきているのです。資本が、まるで商品を神様のように崇める「商品宗教」とでもいうべきものに陥っている状態から、その呪縛から解き放たれ自由で多様な動きをすることができるようになっていく。そうした可能性が、これから開かれようとしているのです。

商品の論理から離れ、原点の資本の論理へと復帰しないと、これからの企業は成り立たないのではないか――それは実際、多くの企業が実感していることだと思います。すでに、最低限度の文化生活に必要なスタンダード商品の普及の時代は終わりました。普遍的な商品の時代が終わろうとしているのです。そこに現在の世界経済がぶつかっている困難さがあることは、誰の目にも明らかなことだといえましょう。

それでは、資本運営を中心とする、これからの経済の可能性はどういうところにあるのでしょうか。例をあげて考えてみたいと思います。

いろいろな形の三角形を見ていただけでは三角形の価値はわからない、三角形の価値は「底辺×高さ」にある、そこに価値があるのだ――というように、科学の論理が入っていって抽象化しないと価値は見えてこない、というのがこれまでの産業社会経済の考え方でした。

だから、たとえば住宅をそれぞれの場所の要求に応えて具体的、実際的につくっていこうとするよりも、いわゆる一般的な住宅ばかりが大量につくられてきたわけです。これは、決して本来の資本の論理によるものではありません。

資本の論理というのは、「底辺×高さ」というところにはありません。三角形にはたくさんの二等辺三角形があり、たくさんの正三角形があり、そのほかにもたくさんの形があるという、三角形の姿をそのまま生かそうとするのが資本です。

価値は「底辺×高さ」にあるとすれば、結局は価値をさまざまに分析していかなければなりません。分析した結果、企業価値として何をしなければいけないかというと、儲けなければならないという答えになります。植物でいえば、葉があって茎があって花があるというように、対象を分析的に理解していこうとする科学の論理が、そのまま価値の論理になってしまっているのです。

しかし、資本の論理というのは、一つひとつの花が違うという事実を組み立てる論理です。

資本が産業社会経済に入ったことによって、資本主義が商品主義の価値の世界に覆われてしまったのです。それがあたかも現実であるかのような世界になってしまったわけです。これからの企業のテーマはそこからの脱皮にあり、文化資本経営をめざす企業は、まさしく資本の側からの商品主義への挑戦拠点なのだといえるでしょう。

そもそも資本主義とは、ティー・ハウスなどに仲間が集まり、一人ではできないことをみんなでやろうと、お金を出し合ってはじまったといわれます。はじまりはお金を出し合ったわけですが、さらにはより快適な生活環境をつくるためのアイデアを出し合いました。そこに、資本主義はもう一つ脱皮して、よりよいシステムになる可能性があります。資本主義はもうだめだというのではなく、新しい多層的なシステムへの可能性が、いまようやく出てきたのです。

生産時間を柔軟にとらえる

豊かなイメージや創造力が湧き出す場所をどうやってつくっていったらいいか——。このことは、これまでに多くの企業がさまざまに試みてきたことです。場づくりというと、どうしても空間的にとらえがちですが、そこでは時間の考え方と秩序づくりがしっかりなされていなくてはなりません。その点を軽視してきた企業が少なくないように思います。

特に、産業経済から文化経済への転換がうまくいかない企業では、生産時間が相変わらず労働時間としてとらえられているところが多いといえます。

分業で協業的なシステムが形づくられていく過程のなかで、企業体は生産にかかわる時間を労働時間として秩序づけてきました。生産時間を労働時間として秩序づけ、人間の労働力の部分だけが交換価値として可能である、価値をつくるうえで可能である、と錯覚されていきます。

およそ物事を生産する時間には、ぼんやりと空を見ていたり、流星を見ていたり、あるいは遊んでいたり、うとうとと眠っていたり、そういうなかでアイデアを思いつくようなさまざまな時間が含まれています。しかし、そういう時間が産業的な労働時間の考えからは切り捨てられてしまうのです。

産業的な企業体を合理性の名のもとに効率化していくと、生産時間と労働時間が断ち切られることになります。しかし、文化資本経営の観点から真の意味で合理的な形を組み立てていくためには、生産時間を柔軟にとらえていかなくてはなりません。そうしてはじめて、非常に緩やかな関係が生まれ、環境が保障されて場が生き生きとしてくるのです。

文化経済のセンスを身につけている企業では、そうした生産時間が生かされている状態が、場としてつくられているといえます。ただ、大手の製造業のような業界では、一見非常にリベラルなように見えて、労働時間という形での組み立て方がしっかり固まっているところが大部分だと思います。

それに対して、文化資本経営をめざしている企業の多くは、その点かなりアバウトであり、フレキシブルであり、そこに文化に対する向き合い方が生きているといえます。それぞれ社員がもっている趣味が生かされているなど、生産時間が生かされている場所があります。そうした企業は、産業的な効率的な企業システムを超えていける可能性を、独自の合理性の問題としてもっているといえるでしょう。
一人ひとりの社員の労働というよりも、一人ひとりの社員の行動を大事にしている企業には、そうした自由な行動を大事にできる土壌があるのだといえます。

二一世紀の企業は文化発信の機能をもつ

文化発信基地のコンセプト

文化資本経営では、社会へ向けてのメッセージを積極的に発信していくことが、きわめて重要となります。それは同時に、これからの企業には「文化の発信基地としての企業」というテーマがなくてはならないということでもあります。自らの文化発信には無関心を決め込み、まるで罪滅ぼしのように「文化にお金を出す」ようなやり方ではなく、積極的に文化創造へ参加していかなくてはなりません。

いろいろな方法があると思いますが、たとえば、自社ビルの一つのフロアを文化発信や社会との交流の基地を狙った場にしていくことも一つの考えです。

そこでは、学者や文化人や企業人が自由に集まってくれればいいというのではなく、定期的に中心になって語る人を決めて、それを核として参加者が語り合える、といったようなデザインを企業自らがやっていくことが必要でしょう。その場合、さまざまなジャンルについて、常に最新の文化や科学が語られているような場がよいと思います。

ただ、文化人サロンにすると特定の人のたまり場になりますから、「今月の月曜日はこういう人が文化哲学論をやるから興味のある人は来てください」というように、テーマへの興味に応じて人々が集まるようにしていくことが大切です。

自社ビルにそうしたスペースがとれる企業は、かなりあるのではないでしょうか。

昔は文化人のサロンがあり、普通の人が「自分にはわからないような高尚なことや素敵なことをやっているグループがいる」と憧れる、という構造があったと思います。当時はそうした憧れが一つのエネルギーになっていました。しかしいまは、昔のように空間とグループが一緒になると、文化的な権力構造になりかねません。

現在のように多様性が生み出されている時代では、有名無名は関係なしに、さまざまな人がもっているネットワークがその空間に降りてきてかまわないと思います。かつての神社は、まさしくそういう場であったと思いますが、そういう考えでやれば面白いと思います。さまざまなネットワークがある日そこに降りてきて、エッセンスを充満させてまた飛び立っていく。そういう空間の使い方は、きわめて興味深いと思います。

アーティストや若い人たちが、「あの会社ならば何かを起こすに違いない」という期待をもてるような企業の場づくりが望まれます。

世界で起きていることが即座にわかる場を

文化発信する場としては、同じような人たちが毎日たむろしているのではだめです。たむろすると占有されてしまいますし、「あそこはあの人たちの場だ」と思われると、一般の人はしらけてしまいます。いまはそういう時代ではなく、対等な関係のなかで、「この人はすごいことをいうな」と接していくことだと思います。

一方、これだけ多様になると、非権力的なサロンをプロデュースしても面白いでしょう。これもできると思います。特に若い人たちの間では、そうした欲求にはかなり強いものがあると思います。これからは「インターネットだけではつまらない。生で見て、生の声を聞いて、バイブレーションを感じたい」という欲求はますます高まっていくと思います。

たとえば、フランス人の画家が来たら、その現場で一枚の絵を描いてもらい、それをみんなで見て、画家とはこういうものであるといったことを実感する――そういった類のことも多くの企業で可能だと思います。

そういうことから、文化とは誰かによってつくられるものであり、その人の価値観を共有するネットワークによってつくられていくのだ、ということがわかると思います。見せていくことが大切ですし、文化資本経営を打ち出している企業がそれをプロデュースすれば可能でしょう。そこで何かを学ぶというよりは、その人たちのエネルギーを感じて、世界では何が起きているのかがその場で即座にわかる——そのような場と認知されれば、たくさんの人が集まるでしょう。

文化の発信とはこちらが知っていることを伝えるのではなく、あちら（個々の内部に眠っているもの）を掘り起こしていくことです。そのためにはプロデューサーが必要となってきます。

仮想現実が前面に出ている状況で直接的、身体的なものが求められている

現在の文化状況では、コンピュータに代表されるような仮想現実が前面に出ていますが、その一方で直接的、身体的なものが求められています。

たとえば、一九九七年にフランスの哲学者ジャン・ボードリヤールが来日した時、日仏学院で講演を行いましたが、何も宣伝していないのに会場に入りきらないほど、大勢の人々が集まりました。二〇〇人ほど収容できる部屋からあふれて、外にビデオを流すほどでした。ボードリヤールはその消費社会論が有名で、日本でも広く読まれています。彼は七〇歳近いので顔を見て楽しいわけでもないはずなのに、やはり本物がそこにいることが大きいわけです。

そういうオープンな場に対して、きわめて限定された場もあります。たとえば、東京・新宿のゴールデン街の飲み屋では、映画やパンクなど、一種のサブカルチャー的なもののサロンになっているところがあります。日本やフランスの有名な映画監督が来たりするのですが、そこでは無名性があります。自分が誰であるかは関係なくなるのですが、限られた人しか来ないという特徴があります。

そういう限定された場とオープンな場が一体となると、また面白い場ができそうです。「ここに来たらあそこへ行く」という感じの場所のほうが意味があると思います。

いまの若い世代は、いろいろなことに興味をもっている人とまったく興味がない人に、極端に分かれています。いくら宣伝しても興味がない人は来ませんが、興味のある人は宣伝をしなくても、自分に関心があれば探してやってきます。これだけ情報がある時代だからこそ、「いまここに行かなければならない」という切実さが逆に生まれているような気がします。

いずれにしても、直接的で身体的なパワーに触れることはぜひとも必要です。たとえば、ヨーロッパの画家たちが絵を描いている時の姿勢、これはすごい迫力です。作品のよしあしには、やはり対象に向かう姿勢やエネルギーがすごく影響してきます。

2章

新しい経営アイデアが湧いてくる場所

近代的な知のあり方を超えて

近代的な知のあり方を超えた新しい知の可能性

機械的な知の精密化競争の時代は終わった

この章では、文化資本経営のダイナミズムを生み出す新しい知のあり方をテーマに、これからの新しい経営アイデアについて述べてみたいと思います。具体的には、経営に新鮮なアイデアをもたらす知の源泉とは何か、経営者はそれをどのように保持・育成していくことができるか、などになります。

経営資源とはお金や工場設備などだけではありません。これからの文化資本経営の時代では、働く人々の知恵や感性が経営資源としていっそう重要度を増していきます。そして、それらの知を生き生きとした構成をもって統合し、いかに共有していくかが考えられなくてはなりません。文化資本経営では、そうした知の蓄積をどのように経営のダイナミズムやエネルギーにしていくかが、大きなテーマとなってきます。

ただこの問題は、近年よくいわれるように、いまや情報と知識の資本主義の時代に入ったのだから、それに対応できる知的なプロフェッショナルを養成しなくてはならない、といったこととはまったく別の問題です。なぜならば、そうした方向で進められているのは、旧来の合理主義・効率主義に基づいた機械的な知識をより精密化していこうとする立場のものであり、文化資本経営はそうした知識を超えた、新しい知の可能性へ向かおうとするものだからです。

世界的な情報通信・輸送技術の飛躍的な発展に伴い、世界市場は拡大してグローバルな需要がいっそう増大しています。そうしたなかで、世界的なビジネスの中核は、この膨大な需要を抱えたグローバルな経済と結びつくことのできる業種へと急速に転換していきました。そのため、特にアメリカでは、それらのビジネスを支える分析能力に優れた経営専門家、投資専門家、会計士、弁護士など、高度な知的サービス提供者たちに対して、これまでよりもさらに高額の報酬が支払われるようになっていきました。

アメリカではこうした傾向が急速に進んでおり、それらの知識や技術の専門家たちが社会に占める位置がしだいに大きなものとなってきています。

その流れのなかでは、世間の常識や習慣、あるいは直観や美意識などの曖昧な基準で物事を判断するのではなく、精密な言語様式を専門的に用いて論ずることによって判断することが要求されます。このことは、言説のプロフェッショナリズムによって、歴史的、伝統的な社会に基盤を置くさまざまな知や常識が非合理的なものとして否定され、プロフェッショナリズムによる精密な言葉の様式が社会の標準として権威づけられようとしている、といってもよいでしょう。

必要に応じて機械的な知識を用いなくてはならないことはいうまでもありませんが、それをことさらに重要視し、社会の中心へ位置づけていこうとする傾向は、近代的な知識のあり方の末期的な状況を示しているとすらいえるでしょう。

内在的な知の側からとらえ返すこと

文化資本経営の資源となるべき知とは何かということは、こうした近代的な知識の限界をはっきりと押さえたところから見据えていかなくてはなりません。

近代の知識とは、こちら側に認識の主体があり、向こう側に客観的な物事の対象があり、こちら側の主体があちら側の対象を客観的にとらえるという構造をとってきました。

いいかえると、近代の知識は現実世界をトータルにとらえるものではなく、主体の外に「外在化できる限りでの世界」、あるいは主体によって「定義可能な限りでの世界」を、あたかも現実世界であるかのごとく取り扱ってきたわけです。そのうえで、近代的な科学技術の発展が実現されてきました。

しかし、そうした定義づけられた世界と現実世界との落差が、たとえば公害といった形で逆生産をもたらすようになったということは、すでに述べたとおりです。

現実世界はとうてい定義不可能なものとしてあります。最近、複雑系という考え方がされていますが、きわめて複合的で複雑な世界が現実の世界です。この無限定で定義不能なものを含む現実世界をとらえるには、現実を向こう側の知識的な対象としてとらえようとするのではなく、対象を内在化していこうとする知の側からとらえていかなくてはなりません。

たとえば、大工さんが図面もなしに、親方から伝承され身につけてきた体験的な技術だけで家を建てることができるのは、まさしく現実世界を定義づけることなく、現実的な対象を丸ごと内在化していく知が働いているからです。そこにあるのは、客観的な対象の分析から得られた知ではなく、対象と一体化することによって得られた知であります。こうした知のあり方を私たちは、「身体に取り入れた知」といったいい方をしてきたといってよいでしょう。

これまで知識とは、具体的な目標を設定し、そこへ到達するために要請される知識、実用的なレベルでの知識だと考えられる傾向が強かったと思います。しかし現実の世界には、実用性からはずれたムダな要素がたくさんあります。むしろ、そのなかから次の時代につながる可能性を開く知が出てくるのではないか、と考えられるのです。

大工さんたちが伝承してきた伝統的な木組みのなかには、それこそ無数のバラエティがありますが、近代的な実用知識のレベルでは、ほとんどが無駄だということで合理化が進められてきました。しかしながら、そこにはそれぞれの材質としての木の性格、その土地の気候や湿度との関係など、実に多様な自然に対応した微細な技術の含まれていたことが、わかってきています。

こうした自然技術を低級なものとして見下し、文化技術として生かしてこなかったのが近代でありました。

ところが、企業活動の現場では、さまざまに定義された世界とは異なる動きに直面し、それに当意即妙に対応する必要があります。いかに精密なマニュアルがあろうとも、それではとらえきれない現実と日々格闘しているのが企業人だともいえます。そこではまさしく、現実世界を内在化したところの自然技術、身体に取り入れた知が、意識されないまま自然に働いているといえるでしょう。

そもそも優秀なビジネスマンといわれている人たちは、そういう実際的な世界での動きをきちんとこなしている人たちのことだといってよいでしょう。たとえばサッカーでも、ゲームのルールがあるわけですが、実際にはルールからはずれたことがしばしば起きるわけで、それに対応するゲーム感覚の優れている者ほど、いいプレーヤーになれるのと同様です。

自他非分離の知と自他分離の知の総合

いま述べたように、知には大きく二つのレベルがあります。

一つは自と他を分離して対象を客観的にとらえる近代的な知であり、もう一つが自と他を分離することなく内在的に対象をとらえる知——大工さんなどの職人に代表されてきた知です。

生命体は自他非分離、つまり主体と客体に分離した状態ではなくて、非分離の状態にある場所に根拠を置いて生きています。そこはまさしく、現実の行為のなかで生成されてくる生きた知の世界だといってよいでしょう。しかし生命体は同時に、他の生命体との関係を調整しながら生きています。調整は相手を対象化する行為であり、これは自他分離の知だといえます。

近代はこの二つの知のうち自他分離の知のほうを強く打ち出し、自他非分離の知は曖昧な領域、定義不能の領域だとして排除していく方向で進んできたと思います。しかし、この両者を同時に含んでいるのが知であるととらえていくことが、正当な知のとらえ方だと考えます。

この自他非分離の知によって、これから大いに活用されていくことになるのが、後の章でも述べることになる「述語的な論理」です。

これは、日本的な要素をどう考えるかということにもつながってきます。日本語には、主体が語ることではなく、場所の状態を記述する述語論理に立つ表現が非常に多いのです。「泥棒が入った」とはいわずに、「泥棒に入られた」と表現することなども一つの例です。日本語は、ヨーロッパ言語のように、主語があって述語があって目的語があるという構造ではなくて、主語が曖昧な状態で記述される、記述的な言語といってもよいかと思います。

こういう日本語的な表現は、ヨーロッパ的な論理からは常々、主語がはっきりしないのはいけない、きちんと主語を立てて表現しなくてはならないといわれてきました。しかし、現在ではむしろ、そうした述語的な論理に立つ考え方のポジティブな面をとらえていくことが重要なのではないかと思います。

たとえば、木に手を当てたり耳を当てたりすることによって、その木の健康状態を判断し、必要な手当てをすることのできる、いわば木のお医者さんともいうべき人が日本やアジアの各地にいます。これも自然技術の一つですが、このお医者さんは、お医者さんの側からではなく、木の側から診断するのです。これはまさしく述語の側に身を置いた論理というべきで、そうした論理と技術の力を、前近代の人々が身につけていたことを物語っています。

こうした述語的な論理に立った技術や知の可能性は、近代の知識によってストップをかけられたまま、一般的には眠りにつこうとしているといってよいでしょう。

ただ幸いなことに日本では、天体望遠鏡の鏡面を人の手で磨いたり、精密機械の水平率を人の手で磨くことで高めたりする技術などとして生かされています。コンピュータを用いた研磨機が達成するレベルを超えた精密度が、なぜ人の手作業によって可能なのか。そこに、述語的な論理の秘密、本当に対象を知るということは何なのかの秘密が隠されていると思います。

文化資本経営は、こうした計算できない領域をもった知の広がりに、積極的にかかわっていかなくてはなりません。

暗黙知の働きをどう活用するか

情報処理能力とは構成し統合する力である

経営にとっての新しいアイデアが、機械的な知識による合理的な分析を駆使することから生まれていくことは、もはやほとんどありえなくなっています。それだけ現実世界は大きな変貌をとげており、現実世界から分離したこれまでの主体に基づく知識が、どこの企業でも大きく空回りしはじめていることに気づかなくてはなりません。

あふれるばかりの情報洪水の世界の到来とともに、高度な情報処理能力が期待されていますが、すでに処理しきれない状態が生まれており、ある企業では情報の流入を制限するコンピュータ・ソフトを売っているほどです。

そうした状況下で、いまの企業経営者が最も欲する知識は、より精密度の高い分析的な知識よりは、統合的な把握力をもった知識となってきています。

この情報洪水のなかで最も必要とされている情報処理能力は、各種情報を統合的に把握してゲシュタルト化（構成化）していくことのできる能力だと思います。

それについては、物理学者で社会理論家でもあるマイケル・ポランニーが、人間が知識の構成化をどのようにやっているかについて、次のように述べているところに、一つの示唆を読み取ることができると思います。

「ゲシュタルト心理学によれば、対象の外見的特徴が認知されるのは、網膜や脳に擦り込まれた要素的な諸細目がたがいにおのずと均衡のとれた状態に達することによる、と考えられている。しかし私はそれとは反対に、ゲシュタルトは、我々が知識を探究するときに経験を能動的に形成する活動の結果として成立する、と考えている。人間が知識を発見し、また発見した知識を真実であると認めるのは、すべて経験をこのように能動的に形成、あるいは統合することによって可能となるのである。この能動的形成、あるいは統合こそが、知識の成立にとって欠くことのできぬ偉大な暗黙的な力である」（『暗黙知の次元』佐藤敬三訳・紀伊國屋書店刊）

かなりややこしいいい方ですので、少し整理してみます。

ポランニーはここで、「要素的な諸細目」としての各種情報に対して、経験を「能動的に形成、あるいは統合することによって」ゲシュタルトが成立するのであり、「人間が知識を発見し、また発見した知識を真実であると認める」ことが可能となる、といっています。「経験を能動的に形成、あるいは統合する」力とは、対象に対する主体の側に働く自己内部の形成力＝統合力ということであり、この働きによってゲシュタルトが成立するというのが、ポランニーの考えだと思います。

私たちはこれを、対象と一体化した非分離の知の働きと考えますが、いずれにしても情報処理能力の核心は、このような、諸細目（情報）から統合へと向かう人間の内的な活動を、いかに活性化できるかにあるように思います。

語ることができるより多くのことを知ることができる

たとえば、深い森林に足を踏み入れたとします。そこでは、わずかに木漏れ日が射しかかるある種荘厳なる薄暗さのなか、大小さまざまな樹木やツタ、草の交錯が視野を奪い、たくさんの虫や鳥の鳴き声がひっきりなしに耳に入り、その間をぬうようにして小川のせせらぎの音が聞こえ、いろいろな植物の香りを運ぶ湿気を帯びた空気を肌で感じ……という具合に、無数の情報を身体全体で受け止めることになります。

この時の体験を、すべて言語で語ったり記述したりすることは不可能です。そうした体験についてポランニーは、「私たちは語ることができるより多くのことを知ることができる」という意味のことをいっています。この「語ることができる以上の知」、本人が自覚意識で知っていると思う以上のことを知っているという知、そうした性質の知を、ポランニーは暗黙知と名づけています。

別な例をあげましょう。歌舞伎役者の坂東玉三郎が、「なぜあなたは本物の女よりも女らしいのか」と聞かれ、次のように答えたそうです。

「私は女のあらゆるしぐさを頭の中に一コマずつフィルムに収めています。そのフィルムに収めたものを編集して、その場に合わせて出しているのです。場合によっては本物の女より女らしいとかいわれるのは、そのためでしょうね」

この「編集」というところに、暗黙知の統合力が働いていることは明らかです。そこで玉三郎がいいたいことは、「みなさんの頭の中には暗黙知がいっぱいつまっています。でも多くの人はそれを出し切っていません。それを統合的に明示的な知として出していくことができれば、私のように女っぽくなれますよ」ということなのではないでしょうか。

明示されたマニュアルがあり、それに基づいた教育・訓練をすれば、誰でも同じことができる――そういう方向をめざしたのが近代的な知識でした。もちろん、それを単純に軽視すべきではありませんが、それによって、誰もが優れたビジネスマンや経営者になれるわけではなく、また、偉大な科学的な発見をしたり、多くの人々の感動を誘う芸術作品をつくったり、世界的なテニスプレーヤーになったりすることができるかといえば、もちろんそんなことはありません。

そうしたことからも、人間には言葉では表現できない何か、マニュアル化できない何か、つまり意識的に自覚されない精神の働き、ポランニーがいう暗黙知という精神のレベルがあることは明らかです。こうしたレベルでの精神の働きこそ、バラバラなものを単に寄せ集めた集合化の知識を超えて、現実世界に生きている存在形態を壊すことのない統合化をもたらす知識の働きだといえましょう。

文化資本経営では、こうした知の共有、蓄積、活用を、経営のダイナミズムやエネルギーとしていくことに、大きな比重が置かれなくてはならないと思います。

暗黙知を形成する場所をどう仕掛けていくか

暗黙知を明言化して社会知としていくこと、そうやって学べるようにする仕組みをつくっていくという考え方もあると思います。それも大切なことですが、企業経営にとってもっと重要なことは、暗黙知を形成する場所をどうやって経営のなかで仕掛けていくかだと思います。

暗黙知はいわば明示的な知の源泉ですから、放っておけば枯渇します。ですから、常に湧き出してくるような仕掛けをつくっておかなくてはならないのです。

暗黙知とは、必ずしもすべてが明示的な知になっていくものではありません。明示化は必要なプロセスだとしても、暗黙知が絶えず形成される場所が用意されていないと、人としても企業としても豊かな行動にはつながりません。「阿吽の呼吸」といわれるように、言葉にせずに暗黙のうちに了解し合っているところで、より充実した関係や行動が生み出されることは、日本人ならよく知っていることでもあります。

ですから、暗黙知を明示化し、社会的に吐き出していくと同時に、形成される場所をどのように用意するかを経営者は考えていかなくてはなりません。

では、どうすればよいのでしょうか。いくつかのヒントは出せると思います。

たとえば、暗黙知は言葉にできないといいましたが、暗黙知を呼び覚ます力をもった言葉というものはあるでしょう。一対一の意味対応に限界づけられた言葉だけではなく、意味ではない豊かなイメージを喚起させる力とか、生命的な世界を呼び覚ます力が、言葉にはあります。

禅の考案に「一毛大海《いちもうだいかい》を飲む」とか「隻手音声《せきしゅのおんじょう》」などの言葉がありますが、これなども一対一の意味対応とは別の言葉の使い方です。あるいは、こうした言葉を発することによって暗黙知を刺激し、暗黙知の働きを活発にしていくことが、伝統的に行われていたのかもしれません。

禅問答に限らず、「人生は旅だ」といった万人に共通なメタファーによって、ある一つの総合的な世界イメージを喚起させることは、我々が日常的にやっていることでもあります。言葉にならない言葉は、こうした意味を直接指示しない言葉によってある程度表現可能だと思います。

意味明瞭な伝達が大切なことはまちがいありませんが、多くの企業では意味を重要視しすぎるあまり、暗黙知やイメージの働きを軽視してきたともいえるように思います。少なくとも、意味明瞭な伝達を重視するのと同じ程度に、「豊かな意味不明瞭な言葉」を重視することが、文化資本経営では大切なことになってきます。

いずれにしても、暗黙知の働きを活発化させるさまざまな方法を通して、これまでのような意味ばかりを重視してきた認識とは別の、新鮮な認識の形が生まれる可能性があるといえるでしょう。

暗黙知を言葉にすれば力になる。それははっきりしていますが、そのために企業が身につけていかなくてはならないのは、暗黙知を言葉にするまでのプロセスです。その、暗黙知が形成されるプロセスを保証していく場所、別の言葉でいえば、新しい経営アイデアが湧いてくる場所をどうつくっていったらよいか、それが文化資本経営では何よりも追求されていかなくてはならないことだと思います。

暗黙知と企業組織

こうした暗黙知という課題について、暗黙知を最初に経営の分野に応用した野中郁次郎氏（現・北陸先端科学技術大学院大学知識科学研究科長）は、暗黙知から出発した知のスパイラル化ということを主張されています。

まず人々の対話があり、そこでさまざまな形での知の結合が生まれ、それぞれの行動によるそれぞれの学習があり、場づくりがあり、そこからさらに対話が起きて、そのなかでまた新たな知を共同化したり、表出したり、連結したり、そうして人々の間に内面化していった知がまた共同化されていく……といった螺旋的な展開によって、知の内容がどんどん充実していくというものです。

このプロセスには四つの変換モードがあります。まず第一に暗黙知がそのまま共同化されている状態、第二に明示的な知を暗黙知にしていく内面化、第三に暗黙知を明示的な知にしていく表出化、第四にその明示的な知が他の人の明示的な知と接点を深めていく密接化です。こうして増大する連結化のプロセスを野中郁次郎氏は論じています。

理想的には、このような螺旋運動で知が増大していくことで、その会社の知の総量が増大していくと同時に、その質が高められていくことになります。そこには、自分の知があり、他人の知があり、普遍的な知があり、それらが連結して統合され、組織全体の大きな知が生まれていくことでしょう。

このような知を企業の内部から引き出していくには、諸個人がそれぞれの個性に基づいて、自律的にそれぞれの役割を果たしていく必要があります。そういう場を経営者は保障していかなくてはなりません。そうやって、一人ひとりの知が磨かれていけば、さらによい状態をつくり出すことができると思います。

そうして個性的に集積・統合された知が、人々それぞれのアイデンティティになり、そうした人の集積・統合が会社や組織の個性につながり、どこにもないその会社独自の個性を生み出すことが可能となります。

そのように、社員一人ひとりは、決して会社という全体組織にとっての一つひとつの歯車ではないというところから、個人の個性を生かした組織のあり方、組織を生かした個人のあり方を展望していかなくてはならないでしょう。

経営とアートの結合がはじまっている

経営とは創造的な行為である

そもそも企業活動とは、「新たな地平へ向けて、何を、どう創造していけばよいか」というテーマを日常的にこなし続けていく活動だといってよいでしょう。そのため、マネジメントもまた創造的な行為としてあることが重要なのは、いうまでもありません。

しかしながら、既成の経営学では、創造的な行為としての経営という観点がきわめて弱く、管理の面に大きな重点が置かれてきました。したがって、現実の経営場面では、経営者はそれぞれ独自のやり方で、経営と創造行為の相互関係を図りつつマネジメントを展開してきたと思います。ですが、これからの経営者はそこからさらに進めて、経営そのものが創造的な行為であるという観点に立ち、経営の新しい地平を切り開いていかなくてはなりません。

経営とは、そもそもが単に経済的な生産をマネジメントする活動ではなく、同時に一つの文化的な生産活動であり、芸術と同じように常に自己革新を図りながら「作品」を創造し続けていく行為としてあるのです。

その意味で、経営とアートがいま創造性を介して、しだいに接近しつつあるといってよいでしょう。

リーダーシップの真髄

経営とアートの接近は、リーダーシップの面でもいえることです。マックス・デプリーの『LEADERSHIP is an ART』（邦題『リーダーシップの真髄』福原義春監修訳・経済界刊）という本は、ズバリこの問題をテーマとしてリーダーシップ論を展開したものといえます。

人材とか個人の能力を企業の中の点と考えると、経営者というものは、点を大きく育てていくと同時に、面としてのシステムが円滑に働くようにしていかなくてはなりません。人と人を点と点で結んでいくのではなく、リーダーたるものは面として一つの構成をもった形で結んでいくのだという、芸術としてのアートのレベルと同じ創造的な発想が、デプリーの考え方だといえましょう。

デプリーは「人間資本説」の立場から、人間が文化をつくるのであるから、人間を信頼する、人間の力を伸ばすというところにリーダーシップの基本を置いています。それは文化資本論と同じ側に立った、きわめて創造的なリーダーシップ論であります。

デプリーが「人間が資本だ」というのは、いわゆるヒューマニズムに重ねられてしまうような意味での人間主体主義とは違います。そうなると、必ず問題は個人責任みたいなところへずれていってしまいます。

人間が文化をつくり出していることはそのとおりです。しかし、その人間は抽象的な意味での人間ではなく、他の植物や動物などの自然とともに形づくられた環境の一構成員として、具体的な場所において生きている人間だということが重要です。

人間が、そういう非常に広い意味でのコミュニケーションの中で生きているということを、考え方の基本としてきちんと出していかないと、いわゆる人間中心主義によって、人間以外の存在が人間にとっての利用手段という形にずれていってしまいます。

そういうことを押さえたうえで、デプリーが述べていることで重要なのは、相互の信頼、それも相互の黙契が成り立つような場所をどうやってつくったらよいかというところです。

それに関連してデプリーは「社長の仕事は適材を適所に配置してその力を発揮させることだ」と繰り返しいっています。デプリーのいう適材適所は、「暗黙知の働きを促進させる場所とは何か」という問いに答えるものだということができます。

企業が内部にどういう場を形成すると、どういう文化資本が形成されるのか——それについては、これまで多くは「自己実現」といういい方がされてきました。しかしこの問題は、言語化されない状態、暗黙の状態にあったものが自分たちにとってポジティブな意味をもち、同時に企業や社会にとってポジティブな意味をもつような場所、それをどう提供できるかという問題だと思います。

まさしく、そうした芸術と同様の創造の発想から、デプリーはリーダーシップにおける適材適所の重要性を強調しています。

デプリーの「リーダーシップはアートである」という主張では、物事の関係づけをする技術と、自ら創造していく技術、つまり技術とアートが合体しています。物事を形にする力としての技術とアートというものが、自分の自分に対する関係と他者に対する関係の問題として論じられています。

そこでは、リーダーシップが、自他非分離の関係技術、自他非分離の関係の手法（アート）として示されているといってよいでしょう。

この本は、文化資本の働きを組織行為において見事に示した、文化資本戦略技術の書ともいえるのではないかと思います。

そのように、リーダーシップをアートと考えるところから、これからの経営は管理よりも創造という色彩を強くしていくことになっていくでしょう。

経営のコンセプトづくりは詩をつくる作業と似ている

文化資本経営にとって、コンセプトをつくることは、ある意味では詩をつくるのと同じ次元の行為になってくるところがあります。

詩をつくる次元の行為とは、個性と最も遠い世界において言葉を探すことだともいえます。いいかえれば、コンセプトというのは、潜在している物事やさまざまな感受性の点在を関係づける力です。その関係づけによってはじめて、内部の生命的なものが力を発揮し、地底から地表に浮上するのだといってよいでしょう。

それに対して認識とは、潜在する可能性に意味の脈絡を与えることです。コンセプトのなかでは、その脈絡は直観的であったり身体的であったりしますが、そこに意味の脈絡を与える作業が認識です。そこまでいくと、潜在する世界の共有が可能となってきます。「私はこのように考えてこれを美しいと思う」と説明し、「そのように考えれば私も美しいと思える」という論理の世界に入ることができます。

それらに対して、暗黙知の世界は、それよりもっと身体的な世界にあって、非常に怖いものをもっています。ある場合には、何が何でもノーだという力をもっているし、ある場合には何が何でもイエスだという力をもっています。

そのように、コンセプトの段階、認識の段階、暗黙知の段階では、それぞれ仕事の性格が違ってくると思います。

社員を育てるとか、場をつくるということでは、認識の方向づけを暗黙知のほうへ近づけていったほうが可能性が広がるでしょう。暗黙知そのものを前提にするのではなく、暗黙知のありようをデザインしていくことが重要です。それによって人間が変わっていくという喜びが得られるからです。

文化と経済の接点を継ぐ作業は基本的には認識の作業ですが、文化と経済が接点をもちはじめる当初の姿はとても美しいものです。将来文化化される力をもったものは、基本的に美しい無駄が多いものといえるでしょう。美しい無駄は構造化もされていなければ、権威化もされていません。それが構造化された時に、はじめて「売れる」ということが起きてくるのです。たとえば、音楽の世界でのロックにしても、当初は売れる売れないの問題ではなくて、みんなで動いているというところに美しさがありました。

詩とかコンセプトをつくっている時に自分の意識を置いている場所と、論文や批評のようなものを書いている時に自分の意識を置いている場所とでは、自分のあり方が違ってきます。あるいは、誰かに何かを説明している世界と、自分が楽しんだりしている世界とでは、世界との関係のあり方が違ってきます。その違いを踏まえた組織論が大切ではないかと思います。

自己同一化されない「快」の場を生み出す自己技術

英語のプレジャーとジョイは、批判的なものがプレジャー、肯定的なものがジョイというふうに使われます。プレジャーは、自分への「同一性」を確立するうえでの「快楽」です。それに対してジョイは、自分と対象、あるいは自分と他者との関係のなかで組み立てられる「快」です。日本語では、そのように「快楽」と「快」を分けるとわかりやすいと思います。

快楽は自己完結的、自己充足的につくり出されるものですが、快は相手との関係でずれたりするところにつくり出されます。そういう意味では、快とは場がつくっていく一つの世界だといえます。

自分が自分に対する関係をどうとっていくのかということについて、近代はこの関係のずれを無視して、自己同一化させることで自己を確立させようとしてきましたが、そうした同一化などまったく現実的に可能なものではありません。

自分が自分に対する関係は同一化することなく、実際には少しずつずれたりしていくものです。相手が火となれば火との関係でずれてくるし、水となればまたずれてきます。そういうふうにずれていく自由な度合いをもって、水が出ても火が出ても自分は自分なんだという、自己同一性のない関係のとり方をしていくのが自己を自在に位置づける技術だといってよいでしょう。

この自己を自在に位置づける「自己技術」が、これからの人間のあり方として非常に大事になってきます。それがまたアートの世界なのではないかと思います。

人間にとっての合理性は生命的な合理性である

時代は、多様なものが共存していくことでパワーを発揮できる環境としての場づくりへ移行しようとしています。そのような時代では、仕事そのものが喜びである、ジョイ（快）であるという世界が最も合理的、効率がいい、ということがいえるのではないでしょうか。

そこで難しいのは、個としての人間の喜びと類としての人間の喜びが、同時にある場をどうつくったらよいかという組織論、場づくりの問題だと思います。

合理的であるということは本来、非常に生命的であることであります。木の葉の形にしてもたいへん合理的です。そういう生命的な合理に対して、経済的に効果があるかないかという効率の問題になると、それとはまったく違う次元に合理という言葉の解釈が入っていってしまいます。

人間にとっての合理性の根本にあるのは、身体的であることに発する生命の美しさだと思います。葉っぱなら葉っぱのきれいな形、その合理的な美しさを考える、個々の生命的なあり方を考えるということが、これからはますます大切になってきます。

近代の発想では、人間を頭と手足と胴体に分解して部品からなる機械のように考えてきました。それらの部品をつなぎ合わせて一つのモデルをつくろうとしてきました。そうして、このモデルを社会にあてはめたり、都市にあてはめたり、会社組織にあてはめたりしてきたわけです。

そのように、非生命的な機械モデルから、それを人間社会に応用するという歴史がありました。しかし、その時代がようやく終わろうとしています。

そうした認識に立ってはじめて、個としての人間の喜びと類としての人間の喜びが同時にある場をどうつくったらよいかという組織論、場づくりへと進むことができます。そして、そこが、新しい経営アイデアが湧いてくる場所なのです。

世界を描き、世界を語ることのできる経営

若いアーティストがよい作品を生むのは壁や限界を知らないから

経営にとって創造とは何か、創造にとって経営とは何かということは、大きな意味では「どんな新しい世界像を描き出すか」ということにかかわってくるでしょう。

一般論になるかもしれませんが、新しい世界像を描き出すには、若い人たちの創造力と可能性を発揮させることが大きく役立つ、という考えはきわめて重要だと思います。経営側がしっかりすればするほど、若い人たちが冒険をしても大丈夫ですし、またそれぐらい冒険しないと新しいものはつくれません。単に定評あるしっかりしたものを真似ようという形では、新しい文化資本の動きにはならないと思います。

ところが、その一方では、「守れ、守れ」といったところから、かえって冒険が出てくることもあるわけです。マネジメントとしては、時にそういうことがあるのも事実です。

この場合、二つの問題があると思います。

非常にダイナミックに変化している時には、「守れ」といわれて反発力を身につけたり、違うことができる才能を発見することがあると思います。それが一つ。もう一つは、若いころにアーティストがよい作品を残すのは、壁や限界を知らないからだ、ということです。

知らないから歩くことができるというレベルは、確かにあります。すべての人がそうではないですが、知らないために結果的に遠くまで行けることがあるのです。一人ではできないけれども、時代の風に乗って、いつのまにか進んでしまう人がいます。ですから、そこで起きたことをすくい取れるようなシステムがあれば、押さなくても走り出してしまうのではないでしょうか。

ピカソも「楷書」から離れて「草書」や「行書」に移って自分の世界が開けた

創造力とか創造的ということは、最も人間的な行為だと思いますが、そのプロセスを言語化するのはとても難しいことです。個人としてはどこかで喜びと直結しているし、社会的な技術としては苦難を乗り越える方法とも直結しています。

変革していくことは一歩一歩ですが、ある決定的な一歩を踏み出した場合はその瞬間に巨大な世界が見えてきます。いままで世界とは思われていなかった、存在しなかった、あるいは景色として見えていなかった世界が開けるわけです。セザンヌもピカソも、キュービズムを発見したあの瞬間、現代芸術までいったのです。絵としてすでに評価されている世界に、もう一つの評価されてもよいはずの世界が、その瞬間にはじまったのだと思います。

ピカソもいわば「楷書」をずっと書いていて、ある時から「草書」や「行書」に移って、自分の世界が開けたわけです。最後まで「楷書」を正統的な手法で描いていたら、決して評価されることはなく、結局は器用な人で終わってしまっていたでしょう。

若い人のなかには、現実には自分から近代の限界を超えているにもかかわらず、それを語ろうとすると近代の概念にとらわれてしまう、という人が多いものです。そこをどうやって実際的な動きとして組み立てていくことができるのか、マネジメントの側にその組み替えが問われているのだと思います。

企業としても、社会としても、同じことが問われています。創造性を支える概念や仕組みを与えたのは社会ですから、そういう意味では大人が大きな概念を用意してあげないといけません。若い人たちは知恵はないかもしれませんが、いつでも発揮できるパワーをもっています。

「こうだ」と思ったら、その方向へ意志とビジョンをもっていくこと

本質的な議論をふまえていれば、通常はその先に具体的な変化の姿をシミュレーションすることができます。

議論として正しい線を踏んでいるという確信があれば、それが具体的な変化の姿としてはどうなるのかを描くことができるはずなのです。

しかし問題はそう単純ではないと思います。たとえば、企業の未来を描くならば、もしかしたら企業は全部なくなるかもしれないということもふまえて、変化の姿を見せていく必要があるからです。

社会科学とは本来、シミュレーションや再現できない現象を扱うものです。ですから、シミュレーションを科学ということはできないでしょう。シミュレーションがつきものの経済学は、その意味では科学とはいえないかもしれません。複雑系の考えでも、二回同じルートで生起することはなく、どこかで分岐したらまったく違う方向に行ってしまいます。したがって、シミュレーションはもともとありえない、ということです。

そこで、変化の相を見るためには、シミュレーションとは逆に、まず「こうだ」と思ったら、その方向へ意志とビジョンをもっていくことが必要です。それが、変化をもたらす大きな要因になってくるでしょう。

その意味では普遍的なシミュレーションはありえず、誰がやるのかによって決まるものであることがわかります。普遍的な像を描くある方程式が成り立つわけではなく、人によって像の描き方が変わる、ということです。

論理としては「こうやればこうなり、その結果はこうなる」といい、みんなが納得するということと、実際にそうなるかどうかわからないということを、同時につかまえていかなくてはならないのです。

あるところは論理で行い、残りの二〇パーセントのところはどうするのか。近代はそういう実験をいろいろやってきました。しかしながら、それはモデルとか、方式を立てるといったことではなく、違う言語があるということです。それが、意志とビジョンに方向性を与える力、創造的な力の働きにかかわってくるのだと、ここでは押さえておきたいと思います。

新しいものとは内部の渇望感を満たすもの

新しいものを創造していくということは、内部の本質的な飢餓感を満たそうとする行為だと思います。また、最終的な美しさへの希求とは、「現在」がつくっているものだけではもの足りない、自分の力でもっと美しいものができるのではないか、という方向への意志が不可欠だと思います。モノを寄せ集めても何もつくれません。だからこそ満足がいかないのに、またモノを求めるというところに転倒してしまっています。そうではなく、モノ全体を含む空間や雰囲気をつくっていかなくてはなりません。いま日本企業は、まったく新しい空間の演出と、それにふさわしい配置をつくるという、創造的な領域を開発する段階にさしかかっているのだと思います。

美や喜びの住んでいる場所が、決定的に変わったのです。かつては、美はどこかにあり、それを求めたわけですが、いまはすでにみんなのなかにあり、発見する筋道さえつけば、「そこにあるのだ」となると思うのです。

そういう新しいモノやコトを見つけたいという飢餓感こそ、失ってはならない最大のものかもしれません。その渇望を軸にして、さらに世界水準での取り組みを実際に考えていく作業を持続していかなくてはなりません。

3章

世界を丸ごとデザインできる経営を

日本語と日本文化がもたらすもの

日本語には世界を全体的に表現する力がある

文化資本経営の真髄は述語的な世界を内部化していくところにある

これまで述べてきたように、近代がぶつかっている限界を超えて、企業が未来を獲得していこうとするテーマをもった時に文化資本経営という課題が出てきます。そこで最も重要となるのが「述語世界」という問題です。ある意味で、文化資本経営の真髄は「主語的な世界ではなく、述語的な世界を内部化していく」ところにあるとさえいえるでしょう。

では、述語的な世界とはどんな世界なのでしょうか。

それには、言葉としての述語の問題（特に日本語をめぐって）を考えていくと、かなりはっきりしてくるように思います。そこで、本章では文化資本経営にとっての「述語世界」の問題を考えてみたいと思います。

日本語にはさまざまな特徴がありますが、ここで考えてみたいことは、日本語では「主語よりも述語を重視する側面が強い」という点です。これは単に言語表現だけに限られるものではなく、広く表現活動や社会活動一般の問題にまでかかわってきます。

具体的には、デザインや絵柄やロゴマークなどの問題にもかかわってきますし、さらには事業活動の全般的な表現や組織の問題にもかかわってくる――そうしたレベルの問題といえます。

いずれにしても、文化資本経営をめざす企業にとって、言葉の力をどのように使っていくかは大きな課題です。とりわけビジュアル表現の背後にある言語表現の意味は、これからますます大きくなっていくといえるでしょう。

日本語は主客非分離、自他非分離の述語的表現の歴史をもっている

私たち日本人は、欧米人などからしばしば「日本人の表現は曖昧だ」とか「意味の明晰さを欠く」とかいわれます。それは、彼らの表現が主語的なものであり、それに対して私たちの表現が述語的であることに深くかかわっています。

日本語は歴史的に、主と客、自と他をはっきり分離させない、主客非分離、自他非分離の表現――述語的表現の色彩を強くもってきました。これは、主客分離、自他分離をはっきりさせる、近代のヨーロッパ的言語の主語的表現とは大きく異なるものです。

日本語をさまざまな場面で演出していくには、この述語的表現を積極的にとらえ直していくことが必要になります。それは同時に、主語的な近代ヨーロッパ的知識に代わり、述語的な知識を

生産していくことでもあります。これからの知識生産、文化生産では、主客分離の近代哲学から知識を創造することに代わって、主客非分離の哲学的な知識を創造する次元が、ますます求められるようになってくるでしょう。

こうした日本語の述語的表現の特質をふまえて、国際社会に向けて文化生産をしていくこと。それは、日本語文化を背景とする日本企業の文化資本経営にとって、欠かすことのできない基本的な要件の一つではないかと思います。

日本は、アジア的なものと西欧的なものとを調和させている国ですが、これを文字でいうと漢字とアルファベットということになります。それに加えて、日本には独自のひらがな、カタカナがあるわけですが、文字のなかった日本に最初に導入されたのが漢字であることはいうまでもありません。

漢字は一般に表意文字といわれ、アルファベットは表音文字といわれます。また言語には、アルファベット系と漢字系とのまったく違った二つのものがあるという学者もいます。これがそのまま述語的表現と主語的表現に対応するわけではありませんが、それぞれの文字生成の背景には、述語的発想と主語的発想が大きくかかわっているようです。まず、この点から入っていきたいと思います。

文字表象は表音と表意に単純に二分できない

文字には表音文字と表意文字があるわけですが、現在の言語学では「表意」といういい方はほとんどせず、「表語」つまり「ロゴグラム」といういい方をしています。

確かに、「言葉（ロゴ）を描いたもの（グラム）」といういい方はあたっていると思いますが、問題がないとはいえません。というのは、現代の言語学は、基本的にインド・ヨーロッパ語を母胎にしたものであり、そこには「言葉（ロゴ）」とは、高度な理念や概念（ロゴス）を示すもの、といった理解があると思えるからです。

かつては西アジアにも、象形文字や表意文字と呼ばれた「言葉」がありました。そうした象形文字がアルファベット化、表音文字化していくことが、より高度に洗練された理念や考え方を示すようになるプロセスなのだという理解の仕方が、ヨーロッパの言語学のベースにはあったようです。ヨーロッパ中心主義とまではいいませんが、現代の言語学には、自分たちの世界のプロセスを理想化する観点が一面ではあったのではないかと感じられます。

実際に世界の文字の歴史的なプロセスを見ますと、どこでも象形的なものから表音的なものへの展開が起こっています。それは、ある意味では、象形的なものが廃れていくプロセスでもあるでしょう。ただ、そこで唯一の例外が漢字文化圏なのです。

漢字文化圏が唯一の例外だということは、レオン・ヴァンデルメールシュというフランス人の中国研究者なども主張しています。この人は一九八〇年代初頭に日仏会館の学長をしていましたが、一九八五年に書いた著書で、「これからは漢字文化圏がパワーをもつだろう」という予見をしています。それは、昨今の経済的な成長にかかわるデータに加えて、中国文化圏の基盤にある儒教の考え方が新しい段階の工業発展の基盤にもなりうる、という議論でした。

彼は言語学者ではないのですが、著書のなかで「表意文字はフランス語でいえばロゴグラムになる」としています。言葉を一種の図柄として表わしているのだから、言語学的にロゴグラムのほうが正しいのだというのです。

ただ、ヴァンデルメールシュはさらに、「言語学的にはそれで正しいけれども、漢字を念頭に置けば、漢字は直接的に理念を表わし、観念の組織化に関与している」ともいっています。つまり漢字の働きは、アルファベットのように音声の記号化とはレベルが異なるというわけです。漢字は意味論的な水準で分節化が起こっており、アルファベットでは音声論的な水準で分節化が起こっています。漢字には確かにそうした面がありますから、インド・ヨーロッパ語的な言語理解だけではすくえない部分が漢字文化圏にはあると思います。

そうではあるのですが、表音と表意に単純に二分化できないこともまた確かなことです。たとえば、アメリカという文字を漢字で「亜米利加」というように当て字することが行われてきました。古いところではジンギスカンを「成吉思汗」と表記するなどのように、漢字は意味を表わすだけではなく、音に当てる働きをもっているわけです。これを、音を借りるところから「仮借」といいますが、この場合は漢字もまた表音文字だといえることになります。

ですから、「漢字イコール表意」と一般化することはできず、むしろ、言葉を表わす表語といったほうが言語学的にはあたっている、という理解になるのです。したがって、漢字にも表意と表音の両面があるのだということをふまえて、文字の問題を考えていく必要があるのではないかと思います。

日本語には表意文字と表音文字を組み合わせる方法が多数ある

日本では、話し言葉としての大和言葉があったところに漢字が入ってきました。この漢字の体系は、話されたことの単なる記号化の手法ではなく、話し言葉とはレベルの違う、話し言葉の文字法ではない観念をそこで組織しています。

そもそも漢字はそういう起源をもっているのであり、占いからきていることは周知のことだと思います。それが中国大陸に広まっていき、やがて紀元前二世紀の前漢の時代から朝鮮やベトナムに広がり、紀元後から日本にも入ってきます。

当時の日本人は、漢字が入ってくるとまずは、（大和言葉といっていいかどうかは別にして）その当時の日本で使われていた話し言葉に、漢字を当てていったのだと思います。当初は、漢字を観念を表わすこと、表意として使うのではなく、日本語の音に対応させていくこと、表音文字として利用することで展開していったのではないかと推測されます。

こうして利用されるようになった漢字が、その背景にある文化性をともなって日本に定着していくのは、研究者の間では朝鮮半島経由で三世紀の頃であろうといわれています。そこでは、漢字を使いながらも、もともと自分たちに合った言葉で読んでいきました。漢詩がその典型で、文字言葉としては中国語なのですが、読み方は日本語なわけです。それは、朝鮮やベトナムでも同じことでした。

ただ日本の場合は、やがて漢字の他にひらがなやカタカナを生み出していき、さらにはローマ字までも組み込んでいくようになります。これは日本の独自性だと思いますが、言語学的にいえば、日本語には「表意文字と表音文字を組み合わせる方法が多数ある」ことになります。

このように、表意文字と表音文字を同時に使うところに、日本人の折衷性がよく表われているともいえるでしょう。これは別の面では、よくも悪くも一方に偏らないという日本的な質にもかかわってくるのかもしれません。

朝鮮の場合は一五世紀半ばにハングル文字がつくられます。しかしこれは、中央権力がつくり一般に普及させていこうとしたものであり、長い間ほとんど利用されないままの状態にありました。それに対して、日本では一般のレベルで、ひらがなやカタカナがつくられて普及していきました。こうした文字の世界を生み出したというのは、非常に独自性の高い行為といえます。たとえばヴァンデルメールシュは、それを「世界に比類を見ない表現上のパレットをつくった」と表現しています。

文化資本経営にとって言語表現活動のもつ意味は大きい

漢字文化圏では文脈の感覚が重視される

また、漢字が広まっていった一帯（これを漢字文化圏といえると思いますが）には、ある種の共通性が指摘できると思います。

その一つに、儒教などに顕著な宇宙観のようなものがあげられると思います。それは、漢字が占いからはじまり、漢字の組み合わせが天と地の万物を表象することと関係しますが、宇宙、コスモスのもとでの共同性を中心にした発想です。

いいかえれば、ヨーロッパ的な個が抽出されてこない世界ともいえます。もちろんこれは、どちらが優れているかという問題ではなく、社会のとらえ方や考え方の違いですが、そこには共同性や社会性が強く出てくることが特徴です。

儒教的な宇宙認識の体系では、天と地と人間の動きを連関させて考えますが、人間が自然秩序の頂点に立ち、自然と一体となった共同性をつくりあげるという考えになります。

儒教と対のようにある道教の老荘思想は、人間を自然秩序の頂点には置かないなどの違いがありますが、漢字文化圏で広まった認識は、基本的に自然と人間の一体化を理想とするもので、日本に入ってきた朱子学などにしてもそうだといえます。

こうした認識は、一つには社会関係を重視する意識の働きにつながっていきます。脈絡とか文脈の感覚が重視され、そうした筋道がよどみなく流れる「うち」の世界の意識が強く働きます。「うち」は内側の「うち」であり、「家」の「うち」でもあり、「うちの企業は」「うちの家では」といういい方に代表される、一家精神です。

ヨーロッパの目的合理性、目的論理性とアジアの形態合理性、形態論理性

ヨーロッパの個の抽出を中心とする考え方では、目的合理性や目的論理性が非常に明確に立っています。それに対して、漢字文化圏を中心にしたアジアは形態合理性や形態論理性の側に立っています。

こうしたアジアの立場は、漢字が万物を表象して、秩序を観念化するのとパラレルになっています。またこうした立場の違いが、「うち」の意識が強く働くアジア型の社会と、個人が抽出されてくるヨーロッパ型の社会との違いにもなってくるわけです。

ヨーロッパでは、社会は抽象化された無人格的な、アノニム（匿名）なものであり、中性的に存在するという認識があります。会社を意味する一般的なフランス語表現にしても、ソシエテ・アノニムというい方をします。しかし日本では、自分の所属する会社を手触りのないよそよそしいものとする意識には違和感があり、やはり「うちの会社」といったほうがぴったりするわけです。

これもまた、どちらがよいかではなく、そうした差異があるということが重要です。こうしたところまで論じていきますと、漢字の問題がグラフィックな問題から、さらには思想的な問題にまでなっていきます。

このように、漢字を使った文化圏と表音文字を使った文化圏とには、明らかに認識や思想のうえでの差異が存在することがわかります。

ヨーロッパやイスラムの表音文字の世界と表意文字の世界とでは、どうも哲学のあり方が違ってくるようです。

一方、韓国は明らかに儒教圏の国なのですが、ハングル文字という非常に合理的な表音文字を使っています。そこに、日本が中国と近く、韓国とはやや異質な理由があるのかもしれません。

日本語には外部から来るものを排除せず取り込んでいく動きがある

もう一つ興味深いことは、日本語が漢字語を取り入れてきた過程はかなり融通無碍でありながら、もともとの大和言葉（話し言葉）につながる要素を持続させてきた、ということです。

漢字はいうまでもなく日本にあった文字ではなく、外部から取り込んだものです。こうして外部の漢字を取り込んだ後に、ひらがなやカタカナという音節文字を日本語のなかでつくり出しました。そして、一六～一七世紀にポルトガルと接して、今度は純粋な表音文字を取り込んでいきます。たとえば、藤井貞和氏（東京大学教授）が教えてくださった資料に、『平家物語』をアルファベットで表記したものがあります。それもポルトガル語に訳したのではなく、いまでいうローマ字風の表記を試みたわけです。

日本にはこのように、外部から来るものを排除するのではなく、関心をもって取り込んでいく強い動きがあります。まず独特の作法でもって漢字を表音文字として取り込み、やがて表意文字としても用いることで、表語文字としての漢字を存続させてきました。のちにオランダとの関係が密になるとオランダ語が入り、さらに幕末から明治になると英語が入ってきて、ローマ字的な表記も登場するようになります。

日本語は漢字を取り込むことで変化していきますが、さらにポルトガル語などのヨーロッパ言語と接するなかでも変化してきました。時制を獲得したことなども、そうしたことの一つです。もともとの大和言葉には基本的に時制はありませんでしたし、漢字にもありませんでした。たとえば、『源氏物語』に過去形の表記は見ることができません。日本は、ヨーロッパ言語と接するなかで時制を取り入れ、さらに明治期の言文一致のなかで過去の時制を確立していきました。

歴史的な系列のなかで、表意文字と表音文字、あるいは表語文字がどのように形成されてきたのかを考えることで、社会や文化が持っているダイナミズムが見えてくるのではないかと思います。

日本は同じ漢字文化圏でありながら、中国とも朝鮮ともベトナムとも違う面をたくさんもっています。それぞれの地域の文化的特性をキャッチするには、共通性と異質性の双方をつかんでいくことがポイントでしょう。

表音、表意、表語はシーニュ（記号）、ルプレザンタシオン（表象）、ロゴ（言葉／文字）とどう関係するか

このように、表音、表意、表語をめぐって、日本語の独自性がいくつか浮かびあがってきます。

そして、文字体系と論理体系には重要な関係があるとすれば、その点をさらに考えていくことで、

日本語の独自性をいっそうはっきりさせることができるでしょう。

たとえば、表音、表意、表語は、フランス語でいうシーニュ（外在する事物や観念を指示する記号）やルプレザンタシオン（シーニュを前提とした表象）やロゴ（言葉／文字）などの概念と、どうかかわってくるのでしょうか。

ルプレザンタシオン（英語でのリプレゼンテーション）は「表象」と訳しますが、これは通常、言葉に限らず表現一般を示しています。同時にある代表行為でもあり、演じることでもあります。明らかに、表音とか表意という概念よりも広いものでしょう。また、表語といった場合でも、それは言葉のレベルの問題になるでしょうから、大きくは表語＝ロゴグラムも表象の一つになると思います。

文化資本経営にとって、言語表現活動のもつ意味は大きく、したがって日本語の独自性を探していくことはきわめて重要なことです。日本語の独自性を記号と表象の面から考えていくことができれば、そこには言葉の問題も入ってきますし、デザインの問題とかロゴマークの問題も入ってきます。

そこから、これまでの企業活動やデザインを総合的に見つめ直していくことができれば、文化資本経営にとっての新しい表象に大きな意味をもってくると思います。

また、日本には朝鮮半島経由でも文化が到来しているのに、朝鮮とは発想がかなり違います。

明らかに論理体系が違うのですが、それが感覚的、情動的な違いからきているのか、それとも文字体系の違いにかかわるのかを考えてみることも、日本語の独自性を探していく意味から重要になってくると思います。

視覚的な表現は世界を包み込む

視覚的な言語は自らの内部に物語を発見していく構造をとる

象形文字や漢字のような表意文字は、一つには視覚的な表現であるというところに特徴があります。そういうことでは、視覚的な言語とそうではない言語とでは、表現の構造にも違いが出てくるのではないでしょうか。

表現という行為は、具体的には、「何もいわなければ何も起きないところに、一つのものを出して、それ以外は捨てる行為だとして何かを行い、そのことによって何かを起こしていくことだ」というういい方ができると思います。

たとえば、ラテン語系の言語で書かれた詩です。スペイン語の詩を聴いていると、身体感覚を通じた実感としていえば、いかにも「構築している」「組み上げている」という感じがするのではないでしょうか。音の流れでもそうですが、論理についても、物語のように筋を追ったり、あえてはずしたり、ということをやっています。そこでは、一つの筋道が選択され、それ以外を切り捨てているのです。だからこそ、構築的になりうるわけです。しかし、視覚的な言語ではそうではありません。たとえば絵画を考えてみます。

一つの絵画のなかにいろいろなものが描かれていく場合、それらは結果的に同一平面上に並べられます。つまり、同じ時間軸上に空間的に配置されることになります。同じように視覚的な言語では、ラテン語の詩のように、聴いたり読んだりすることによって物語が構築されていく構造ではなく、画像を見る者が自らの内部に物語を発見していく、という構造をとるのです。

そういうことでは、漢字の「書」の文化は優れた視覚性をもっています。たとえば、唐の太宗が欧陽詢に書かせた銘文『九成宮醴泉銘碑』の拓本を見て、「この美しさは何だろう。こんな文字を書ける人は、やはり無心なのではないか」と、心が洗われるような思いをもつ人は多いと思います。そうしているうちに、私たちは表意文字の世界にいることに気づくのです。

フランスの哲学者ロラン・バルトは『L'EMPIRE DES SIGNES』(邦題『表徴の帝国』宗左近訳・筑摩書房刊)という本の中で、漢字の活字で印刷された山川太郎という名刺を見て、「なんと美しい名前だ。これだけのことが字画にこめられているのか」と驚いています。先ほどの宇宙観にも関係しますが、ロラン・バルトは「太陽は日本のシンボルであり、調和の尊重を表わしている」といっています。確かに私たちにはそういうイメージがありますし、それが国民性の下敷きともなっているように思います。

また、中国料理に鶏肉みたいでとても美味なスープがあり、これはなんのスープかと思ってメニューを見ると、「五蛇羹」と書いてある。それで私たちは、「これは五種類もの蛇のスープか」と驚くわけです。漢字で書いているから意味がわかるわけですが、それよりも「蛇」という文字がそのまま蛇の姿に見えてくるという、直接的な視覚効果が大きいのでしょう。

日本人は文化的な二重言語状態に近い

日本人が表音文字と表意文字の両刀遣いだということからすると、少々乱暴ない い方をすれば、日本人は文化的には一種のバイリンガル（二重言語状態）に近いとはいえないでしょうか。表音と表意は単純には分けられないとする言語学の立場からは、必ずしもそうはいえないのかもしれませんが。

文化は、意識がある種の差異を感じた時に発生します。しばしば異文化の接点に新しい文化が生じるように、異質なものに接して「自分は何なのか」「それは何なのか」と感じ、「なぜ」と思ったところに表現が生まれます。異文化の接点にはそうした差異が生じやすく、文化的な二重言語構造を生み出すことにもなります。

文化的な二重言語構造にはよい面も悪い面もあるでしょうが、二重言語の子どものなかにときどき見られるように、異なる文化の間を行ったり来たりしていると「表現してみなさい」といわれても、深い表現がなかなか出てこない人がいる、という問題があります。

これは、一つの言語がもっている体系的な筋道を追い続ける思考力を、どこかで失ってしまっているからです。一つの体系のなかで考えることに慣れている者が別の体系に入っていくと、思考的な集中力が続かなくなってしまう、ということが起きやすいのです。

これは、よくいえば、何も捨てない形で情動的なものを残す、ということになります。一方、悪くいうと、何も決定しないために表現が結果としてなされない、という現実を生んでしまいます。日本文化は、こうした二重言語状態に見られる長所、短所を一つの特質としてもっているようです。

構築的な論理には、身体から離れて遠いところまで思考が行きすぎてしまう危険性がつきまといますが、視覚の優先には、あまり遠くまで思考を導かないという有利性があります。たとえば、海を目の前にしていますと、海についての思考はその海の具体像から容易に離れることがありません。離れない限り、思考にはどこまでも具体像の「さわり」が関与し続けます。しかしながら、海を論理的に概念化して抽象化していくと、思考はどんどん先へ行き、自分の思ってもいないところまで行ってしまいます。

このかねあいを自覚できるかどうかが重要です。自覚できないと、二重言語の状態ゆえに思考停止してしまう危険性をもっています。そこのところが、ここでいう文化的なバイリンガルの問題点だと思います。

表音も表意の性質をもっている

日本語、英語、中国語と並べると、日本語は英語と中国語の中間にあるといっていいと思いますが、「てにをは」を考えると基本的には中国語に近いといえるでしょう。また、前にも述べましたように、特殊な例ではありますが、英語に漢字を当て字するようなこともあります。さらに表音文字でも、たとえばドイツ語で「ゲマインシャフト」とか「ゲゼルシャフト」とか表記すると、それは一個の言葉の固まりになって目に入ってくるという意味では、表意になっているともいえるでしょう。

英語で「オートモービル」といえば、「自分で動く」という意味になります。英語でもそうやって、漢字の〈へん〉や〈つくり〉のように意味あるものをくっつけて、足し合わされた意味を出すことを、確かにやっているのです。そうすると、表音も表意の性質をもっていることになります。ですから、「表音か表意か」というのは、バランスの問題だともいえるでしょう。

また、フランスの言語学者バンヴェニストの『インド・ヨーロッパ諸制度語彙集』（言叢社刊）では、意味を構成する面で音韻や表意はあまり重要ではないと論じられています。インド・ヨーロッパ語は、音と音の組み合わせで意味が組み立てられており、それが言語のシステムをつくりあげていることが実証的に解明されています。音だけで基本的な意味がつくられていることが論証されているのです。

それにしても、表意文字のように、一文字にたくさんの意味が含まれているということは、いろいろな問題を示唆しています。

たとえば、商品説明が六カ国語で表記されているものがありますが、英語やフランス語に比べると中国語だけが文章量が少ないのです。それでも他の言葉で長々と書いている意味が全部入っているわけです。日本語を中国語に翻訳すると、わずかな言葉ですんでしまいます。これは、中国語では一つの音にたくさんの意味が入っている、ということを物語るものなのでしょう。

このように、表音、表意、表語ということにまつわって、さまざまな問題が出てきます。日本語の文字体系が独特であるということは、話し言葉の体系、論理の体系とどう関係するのでしょうか。さらにつめていかなくてはならないテーマといえます。

人を感動させるのは主語ではなく述語で表現できる力である

日本語的な言語は述語的な意志を表現できる

私たち日本人が欧米人と接触する場面で、あちらの論理とは違うこちらの長所はどこか、またはこちらの論理をどうしたら伝えられるか、と考えたり感じたりしている人は多いでしょう。

そうした違いは、歴史的にもいろいろと論じられてきてはいるのですが、現状ではその違いをお互いに「こうである」と主張しているだけであり、依然として平行線のままだと思います。カントやヘーゲル、フーコーの解釈の深さで、その違いを見出そうとする試みもありますが、それでもたいした成果はあがらず、せいぜい共有項ができあがるぐらいのところです。

欧米人と話していると、ヨーロッパ的な言語はどちらかというと、主語を強調して、主語の意味領域を厳密化して、主語が意志や判断、意識をもつという論理をつくりあげていったのだ、ということを強く感じます。それに対して、日本語的な言語には、述語のほうの意志の世界が強く息づいています。

たとえば「これはコップです」といった時、ヨーロッパ的な言語では「これは」という主語の限定性が強いのですが、日本語では「コップです」と述語表出だけでいいわけです。日本語ではその時、すでに述語の場所が共有されていて、そこの意志を表現しているのです。たとえば、『源氏物語』では一つの文章のなかに主語がいくつも出てきますが、そこでは述語の表現されている意志の場所に、主語が入れ替わり何回も出てきているのです。

ここで、ヨーロッパ的な言語と日本語的な言語あるいはアジア的な言語の、論理の決定的な違いは、後者は「述語的な意志を表現しうる」ということです。述語的な意志でもって論理を組み立てていることが、決定的なことだと思います。

それに対してヨーロッパ的な言語は、主体化して名詞化して、「私の世界」をつくっていくのです。そこでは、意味の世界が主要な問題になりますが、そうした意味の言語では必ず主体性が問題になります。

このような、主体性の論理の限界性を感じて登場してきたのが、シーニュ＝記号の論理学です。主体性ではとらえられない記号の世界が存在する、記号の世界は「意味するもの」と「意味されるもの」で組み立てられるもので、主体の問題ではない――そういう形で、記号論的な世界が問題にされるようになっていったわけです。そこで、ようやく非主語的な世界が議論されるようになりましたが、名辞的な表象の世界で止まっています。

そこまではきたのですが、現在の思想的状況としては、そこから述語の意志の領域としての「場所」にまでいけるかどうかの境界線上にあります。兆しとしては、ヨーロッパのほうでも表象やパワー関係の議論に関連して、場所（place）をめぐる論議が急速に起きはじめています。この動きが、ヨーロッパとの対話に新たな展開を生み出す媒介項となるかもしれない――そういう状況にあります。

私たちは述語的な論理をもちえていますが、それに対して西洋は主語的な厳密な論理をもちえています。この両者が「場所」を中心に議論していくことで、より生産的な議論が可能となるでしょう。

アメリカの哲学者であるエドワード・ケーシーという人が、西洋哲学史において場所概念が不在となっていく過程を実証しています。そういう「場所」のわかる人と話をしていると、西洋人でもよく話が合うはずです。逆に場所概念がない人と話をしていると、あちらは主語を否定されたようなニュアンスで受け止めてしまい、どうしても会話がずれてくることになります。

主語的世界ばかり見て述語の世界が見えなくなっている

そういう問題を、企業経営の現実に返して考えてみましょう。

たとえば、ここにある会社のロゴマークがあるとします。そうすると、このマークは社名を主語として表現しているのか、それとも仕事の内容を示す述語として表現しているのか、という問題が出てくるでしょう。それいかんによって、同じマークや商品名でも決定的に違ってくることになります。

具体的な場面でいえば、社員のなかには、会社について語られていることを、スッと「社長が語る」と主語化し名詞化していく意識の動きが少なからずあります。代表者の個性が強いほど、その人の名前で主語化、名詞化されることが多いといえます。

そこで語られているのは「〜しているのが〜である」という述語の世界であり、それがたまま社長という人格によって表象されている――ということであるにもかかわらず、「社長が」と主語化して受け止めてしまうのです。

述語的世界が語られているのに、それがキャッチできずに、固有名詞への特殊化が起きるのはなぜでしょうか。主語的世界ばかり見ていて、述語的世界が見えなくなっているからです。主語の意志に重点が置かれ、述語の意志が見えなくなっているからです。

そうなりやすいのは社員ばかりではありません。幹部にはもっと述語的世界が見えなくなりやすいといえます。商品の判断について、幹部であればそれだけ主語上の情報をしっかりキャッチしていこうとしますが、その半面、述語上の受容ができない、ということが出てきます。

このことは、述語的な世界の資本、あるいは「資本の場所」が理解できていないことを意味します。

そうした決定的な違いが、多くの場合「代表」と「社員」や「役員」との間にあるように思われます。一方では、それはそれぞれの役割だからそれでいいのだ、といえるかもしれません。が、それでは全社をあげての飛躍はできないでしょう。

表意文字の問題には、このように、述語の世界までを表現していくことの論理の問題が含まれているように思います。

状態的言語のよさは境界を曖昧にしているところにある

述語の世界が見えないということは、先に述べた文化的なバイリンガルの西欧的な面の弱点にかかわってきます。とすれば、私たちは同時に、主語の世界が見えないという、日本的あるいはアジア的な面の弱点も抱えているわけです。

これを言語の性格の面でいえば、状態的な言語と構築的な言語といいかえてみることができます。状態的言語のよさは境界を非常に曖昧にします。状態的言語は述語的ということに対応しますが、逆に構築的言語は境界がはっきりしていて、「この言葉はこういう意味である」と組み立てていきますから、主語的ということになります。

状態的な言語が状態を共有している場合はあまり誤解は生じません。あるいは細かな差異があまり問題とはなりません。しかし、状態が置かれているレベルが違うと、決定的な誤解が生じてしまいます。

状態的な言語では、境界がはっきりしていなくても、最初に述べたように「うち」を共有している感覚がありますから、「君もわかるはずだ」という形で伝わり、そこで状態のやりとりを行うわけです。状態のやりとりのよさは、ある種の絵画的な言語になっていることです。絵画的な言語は、同じ絵画を見ている人が、それぞれ別な意味や印象を受け取ることのできるような豊かさがあると同時に、意味が曖昧なため、構造的には誤解を生じる仕掛けにもなっています。

状態的な言語は、人々が同じ平面にある時、あるいは安定した静的な状態にある時には、だいたいよいほうにいきます。しかし、活発な動きのある状態に入った時、つまりそれぞれのレベルに差異が生じたり、さらには飛躍が生じた場合には、本人がどんなに頑張っても、個人の能力を超えて、決定的な誤解が起きてしまいます。

誤解が起きますと、これは非常に悲しいことですが、状態的な言語は身体とつながっていますから、感情的な背反を起こす危険性が生まれます。こうした危険性をはらんでいるため、マネジメントの立場からすると、感情的な背反が起きないように、状態をできるだけ現状に保っていこう、あるいはできるだけ緩やかに変化させていこうとする保守的な力が、おのずと働く構造になると思います。

ここに日本的組織の特徴がありますし、多くの日本企業がそこから脱しているとはいえないでしょう。

日本はこうした構造をつくってきたからこそ、これまでうまくやってきたともいえます。しかしながら、これから大転換している世界を取り込んでグローバル化を新たな地盤から図っていこうとする時、この構造にどう対処すべきかは、非常に重要な問題になると思います。それは、状態のレベルをどのように共存させ、どのように意志を共有し、どのように状態そのものを変化させるのか、という問題であるのではないかと思います。

〝うなぎ言葉〟が示す日本語の特徴

日本語には、いわゆる〝うなぎ言葉〟というものがあります。

うなぎや天ぷらの店ではたいていメニューに「松」「竹」「梅」などの種類がありますが、もとはそういう店で注文する時に「私は梅」「私は竹」と注文したりすることをいったものです。和食屋で「今日の定食は刺身と天ぷらと親子丼です」といわれて、「私は親子」というような場合もこれにあたります。私自身が親子丼であるはずはないのに「私は親子」という、それはなぜなのかというわけです。

そこには、ある種の状況における述語性の共有があります。この場面は「何かを注文する場面なのだ」という、みんなが同じ観念をもっている状況、言葉がそうした述語面の状況に依存して発せられている、ということができます。

「私は天ぷらを頼みます」というと西洋的な表現になるのですが、日本語ではまずそうは表現しません。隣の人が「私は天ぷら」といったとしても、「あなた（という人）は天ぷらなのか」とはならないのですから、西洋人からすると実に不可解なことにもなる、というわけです。

以心伝心といいますか、状態を共有しているからコミュニケーションが可能となるのですが、それぞれの状態が異なる状況下ではうまくいかないことにもなってしまいます。

もっとも、話し言葉としてならば、欧米の言語でも「私、コーヒー」と使うように、外国にも〝うなぎ言葉〟的なものがないわけではありません。ただ、日本語ではやたら〝うなぎ言葉〟が顕著に見られることは確かでしょう。

言語には、ラング（言語体系）という側面とランガージュ（言語行動）という側面があります。ラングは言語学的に客観化できるものですが、言語体系以前にランガージュという、言語が実際に使用されている世界があり、そこで言語交換のコミュニケーションが成立しています。

口語や標準語や母語や国語といったものの構成は、ランガージュの局面からつくり出されますから、それによって社会的な局面が構成されて、個人による多様な活用が可能となるわけです。「私、天ぷら」もそうした活用の一つですが、「おまえはバカだな」といった時のバカの意味合いもまた、関係と場所のなかで、述語的状況で形成されていくのですが、これは言語体系の世界では表現することができません。

しかし、こうしたランガージュ的な側面の強い日本でも、ラングの世界をベースにして言語的な思考がなされたり、ラングがさらに抽象化されて、記号論的な解釈がなされたり、それがデザイン的な領域にまで影響を与えてしまっています。これもまた、文化的なバイリンガルゆえのことといえるでしょうか。

広告表現が転換する時代

企業とはある価値観や現実の見方を社会化するための装置である

企業とはもともと、ある価値観を社会化するための装置だといえます。この装置を十分に生かすことはこれからの重要なテーマです。この価値観の社会化という位置から、自分たちが何を大事にしているのか、何をやっていきたいのかをはっきりと主張していくこと、それが述語的意志の表現になります。これがうまくいけば、その企業は新たな主語をつくっていくことになると思います。

その場合の主張とは、実態を見せることであり、かけ声を見せるのではありません。広告代理店がよくやるキーワードの手法も限界にきていると思います。スローガンというやり方は、昔から流行の手法としてあるのですが、事実の行為をきちんと見せることがこれからはより大事だと思います。

たとえば、広告で「展示会を開きたい」と表現すると主語的な意志の表現になります。それに対して、「展示会を開きます」とすれば、述語的意志の表現になります。後者の場合、広告を読む側はそこで語られている状況に乗っていけばよいわけです。皮膚感覚で述語的諸状況がわかるのです。

述語的な意志を表現する広告は、一種の表意性というか、一つの言葉の裏にたくさんのメッセージのあることがわかるようになっているものだといえます。このような伝え方が、本来のパブリック・リレーション、つまり社会との関係の取り方ではないでしょうか。

述語表現の広告では、企業が単に商品をつくったり売ったりすることだけでなく、商品をめぐる社会全体の問題に取り組んでいるということを、よく伝えることができます。同様に、社内や取引関係に向けても、メッセージを述語化していくことが必要になってくるでしょう。

企業にとっては、言葉の力を使える方向にいくかどうかがこれからの大きなポイントになると思います。特に言葉と実態がそれほどかけ離れていない会社では、積極的に社会へ向けて発言していくことが、よい効果を生んでいくといえるでしょう。

文化経済は「資本の述語的意志」を表現生産することです。一方、経済的経済は「商品の主語的判断」を名詞的に生産することになります。そこに、述語的意志へのアプローチが、これからの経営にどのような役割を果たすかのヒントがあるでしょう。

表音の次元の広告表現が極限まできてしまった

表音や表意、また述語的意志の問題は、経営の現場と同時にデザインの現場でも、とても大きな問題となってきます。

広告の面でいいますと、かつてのキャンペーンでは、その対象としての人間像がはっきりと見えていました。しかし、ここにきて、ブランドも増え、機能による競争も激しくなり、商品や広告だけでなく、人間像にも同質化現象が起こっています。

たとえば、最近の化粧品の広告表現では、落ちないとか、付着しないといった機能説明が主になっています。そして、使われているタレントはほとんど同じパターンです。

このように、ブランドは違うのに、同じに見えてしまうし、いっていることも機能的なことでは同様なのです。さらに、コンピュータ・グラフィックスなど、いろいろな技術がデザイナーの習性に応じて入ってきますから、昔のキャンペーンの時代よりも、いっそう「モノ寄り」になってきています。

これを表音と表意で見れば、表音性が強くなっている、といえるでしょう。日本の広告全般についてこうした傾向は強く、いまや、表音的な広告表現の極限に近くなってきてしまったといってよいでしょう。

一方、一九七〇年代の広告は、きわめて表意的で、意味の広がりがありました。この時代はスペックや機能という時代ではなく、最近の表音的なものと比べると非常に表意性が豊かなものでした。現在ではこうした傾向がずいぶん弱くなってきていると思います。

当時の広告では、明らかにいまのものとはメッセージ性や人間像が違っています。最近の広告で使われる人たちは具体的なモデルそのものなのですが、当時はもっと象徴性を帯びた存在でした。

人間像の違いは、実際の違いというよりは表現としての映像の違いです。いまの表現は生身の人間という感じが強いですから、そのへんは昔とはずいぶん違います。日本では、もう何年も前から有用性の広告が目立っていて、その点ではもはや行き着くところまできてしまったという感があります。

いまの広告は一般情報性が高いのに対して、昔のものはメッセージ性が高いといえます。また、最近のものは印象としては音的です。意味もさることながら、音がもっている調子、固有の波長のようなものが感じられます。その意味では、洗練された音みたいな印象を受け取ることができるのではないでしょうか。

余白の美があるデザインを

こうした広告表現の推移は、時代の激しい変貌にさらされてきた言葉のあり方を象徴的に表わしているともいえます。つまり、時代の変貌とともに、昔ながらの潤いのあった言葉や概念の内容がしだいに枯渇していき、意味を指示する言葉の役割が薄れてイメージ喚起の役割を強め、さらにはそうした力をも失って、もはや音や文字の印象でしかなくなっていく——それが、近年に言葉がたどってきたプロセスです。

現在の広告と昔の広告との違いは、そうしたところにあるわけです。ですから、ここから先は、どうしたら新しい言葉が新しい概念や意味をもって生まれてくるのか——そういう次元の問題となってくるでしょう。そこに、これまで述べてきた述語的な意志の表現が大きくクローズアップされてくることが、十分に理解していただけたことと思います。

昔の広告には余白の美があります。情報量はあまり多くなく、わずかな表象だけで多くを語っているのです。時間性や物語、いいかえればドラマ性がありました。そういうことから、「商品情報だけならば、文字はいらないのではないか」ということもできるかもしれません。

ただ、余白の美もまた、その背景にさまざまな言葉の内容が豊かに潤っていたからこそ可能だったことを忘れてはなりません。

ですから、いま余白のある広告をつくろうといって、そのまま余白のある広告をつくるのではなく、余白を物語る広告を考えていくことが大切となるでしょう。もちろん、余白とは、物理的なスペースだけのことではないのですから。

創造とはあるものを切り捨てることでもあり、どちらの方向にいくのかというディレクションです。新しい魅力をもった日本語を演出していくには、どこかで何かを思い切ることが避けられなくなってくるかもしれません。それはとても難しいところですが、できるだけ主張をはっきりさせていくことが大切です。その場合、主語の名詞のところだけが伝わって、述語の部分が伝わらないということにならぬよう、十分な注意が必要となってくるでしょう。

4章

文化資本経営は新しい環境空間を演出する

経済活動に環境をどう取り込んでいくか

豊かな場所環境を生み出すための文化資本経営術

場所の意志を設計する環境の取り込み

企業の歴史が、その本拠を構えてきた地域と重要なかかわりをもってきたことはいうまでもありません。そのように密接な関係をもってきた地域の命運は他人事ではなく、企業にとっての都市問題、環境問題の原点ですらあるでしょう。そこでは、「企業は地域をどうしたいのか」という問いを自身に発し、新しい空間デザインを提示していくことが、企業活動に重要な位置を占めることになります。

ここで深めていきたいのは「場所の意志」という問題です。通常は、意志をもつのは国や企業や経営者や私という、主語的な立場のものと考えられていますが、前章で述べたように、述語的な意志というものがあります。地域もまた人間の意図や社会の働きかけとは別個に、述語的な意志をもっており、それがここでいう「場所の意志」です。

つまり、それぞれの地域には地域固有の歴史・文化に裏打ちされた「場所の意志」というべきものがあります。地域の自然、文化、社会とよい関係をもってきた企業というものは、この「場所の意志」を尊重しながら、文化経済を営んできたといえるでしょう。しかし、これからはさらに、「場所の意志」をどう設計していったらよいか、そこから「企業は地域をどうしたいのか」というように、積極的にテーマを追求していくことが大切となってきます。

文化資本経営では、自身の経済活動が環境を取り込んだものであることが必須の要件となります。環境を取り込むとは、実際には場所の意志を設計することになります。これは、新しい魅力的な空間をどうデザインし、どう演出するかの根本にかかわってくる問題でもあります。

現在の環境問題は、経済資源の破壊をめぐっての議論が展開されているにすぎず、それでは環境問題はまったく解決できません。そうではなく、本当の問題は環境を地球と場所のダイナミズムの場として考えていくところにあります。それは、次のように表現することができます。「地球に」ではなく「地球から」かかわってくる、また「場所に」ではなく「場所から」かかわってくる環境――それが「環境の場所」であり、そこに述語的な意志があり、同時に自然の技術が存在しているということ、それらにトータルに取り組んでいくことです。

場所の述語的な意志に基づきながら、具体的な空間としての場所環境を設計する時、人間が主語となるのではなく、地球が主語として語りかけていることに耳を傾けること、それが大事なポイントとなります。

企業環境と場所環境の非分離を設計すること

快適な社会環境をつくりあげるためには、場所の意志をとらえた社会環境設計がなされなくてはなりません。しかしながら、これまで行われてきたものは、基本的に場所をなくしてきた社会設計です。その代表的なものが、市民社会設計や民主主義社会設計です。そうした設計は、どこの場所でも均質で平等な市民／選挙民をつくる設計です。

これからの企業は、こうした従来の「場所なき社会設計」に代わる新しい社会環境設計ビジョンをもつことが大切になります。これをもう少しつっこんでいうと、企業環境と場所環境の非分離を設計すること、同時にそうしたビジョンを企業活動として表現していくことです。

たとえば、横浜市に主な活動舞台をもつ企業では、企業環境と、横浜地域という場所環境の非分離を設計することになります。つまり、境界を含んだ全体性としての場所を設計するということです。

この設計に向き合う時、「近代社会を超える」「近代人間を超える」という、避けては通れない大きなテーマにぶつかることになります。

近代社会を超えるというテーマは、たとえば建設省の管轄と、都道府県や市区町村の管轄を超えないと、ある具体的な場所を設計できないという形で出てきます。場所の全体性を設計し直そうとすると、国の行政、自治体の行政といった、そこの社会をつくりあげてきた既存の関係や分離を超えることが、どうしても求められてくることになります。

近代人間を超えるとは、「場所から離れた人間」を超えて、場所と実際的に関係する人間を考えていくことです。人間はさまざまな判断を下して動いているわけですが、しだいに、近代以降は特に、場所の意志を無視して動くようになっています。それがマイナスの人間主義をつくり出しているわけです。それに対して、プラスの人間主義を生み出していくには、場所との関係を押さえながら、人間を考えていくことが必要になります。

この二つの大きなテーマと取り組みながら、場所がもっている自然技術――水の力や植物や動物や土の生命力に内在化されている自然技術を、文化技術として組み立てていかなくてはなりません。同時に、科学技術の協力のもとに具体的に技術開発をしていくことが望まれます。

領有空間の文化生産を営んでいくこと

場所の意志を設計することから空間の演出へ向かうこと、そこに空間デザインの新しい次元が開かれます。そこで重要になってくるのが、これまでの所有空間の考え方に対する領有空間という考え方です。

領有空間の考え方とは、近代社会を超え、近代人間を超えたところでの空間の本質的なあり方を問うものです。一方、所有空間の考え方は、いままでの、いわゆる「箱づくり」の演出に代表されるものです。

領有空間とは、簡単にいうと、人・モノ・場所が述語的に表出された空間をいいます。これからは、所有空間の演出に代わって、領有空間の文化生産を営んでいくことが、重要なテーマとなっていきます。

空間とは、単に「客観的にそこにあるもの」ではありません。空間は、象徴空間・文化空間・社会空間・自然空間で構成された、「具体的に生きられている全体性」にほかなりません。

所有空間とは、空間の一元的な表出の形態化という形で表われてくるものです。所有空間では、全体をシステムとして分割し、場所から分断したところに箱がつくられます。それは実体をデザインして働きかける、いわば強制的な空間です。

それに対して、領有空間とは多元的な表出を象徴化するものです。領有空間のデザインは、場所を開き、演出し、境界をデザインしていく、環境とのやり取りで成立する相互共有的なデザインです。

企業が、地域空間のデザイン、都市空間のデザイン、さらには世界都市空間のデザインをも含んで、領有空間のデザインを文化生産していくこと。そして、空間デザインの新次元を開いていくことが、文化資本経営ではめざされていきます。

こうした問題をより鮮明なイメージをもって浮かびあがらせていくために、ここからは、資生堂が深くかかわってきた銀座、日本の近代的な商業都市としては最も古い歴史をもつ東京・銀座を例にとって、文化資本経営にかかわる場所の問題を考えていきたいと思います。

歴史的な都市を生かす新空間デザインの知恵

銀座は日本近代の「世界に開かれた窓」だった

銀座がそもそも、日本の近代の街の歴史のなかで注目されたのは、「世界に開かれた窓」だったことが大きいと思います。

そのことに関連するのですが、社会学者の吉見俊哉氏が『都市のドラマトゥルギー』（弘文堂刊）という本を出しています。これは社会学から見た盛り場論といえるものです。これまでの社会学は人間をマスとしてとらえる傾向がありましたが、この本ではそうではなく、一人ひとりの人間が都市のなかでどのように演じたのかという観点から空間が論じられています。

近世の代表的な盛り場として浅草があります。明治の終わり頃からは銀座が中心になっていきますが、吉見氏は浅草を「異界に開かれた窓」といっています。人々が日常の生活圏から離れて、参拝に行ったり、遊びに行ったりする、そこでスッと異界へと入っていけるのが浅草なのです。浅草や深川、両国は街はずれにあります。そこは水流などの自然も豊かで、名所としての魅力もあり、気の休まる自由な解放を楽しむことができます。そのように異界に開かれた盛り場が江戸にはたくさんあったのです。

近代になると、東京は世界に開かれて、外部からいろいろな刺激が入ってきます。その舞台づくりとして、街づくりが行われるようになります。そして、それまでのように周辺の街はずれではなく、銀座という中心が人を集めるようになります。

それまでの江戸では主に、過去にさかのぼったり、繰り返し反復したりすることで情報が享受されてきました。しかし、江戸は東京になり、最新の情報が世界から集まる場所になりました。その中心地でショッピングをし、新しいものと人と情報に接することを楽しむという、これまでになかった繁華街が成立しました。それが銀座でした。

現在、いろいろな世界的なブランドが銀座に直営店を出すようになっています。しかし、銀座が本当に世界に開かれているかどうかとなると、いまや、かなり限定されてしまっているように見えます。一九二〇年代の銀座が多くの人々に夢を与えたような、本格的で大規模、しかもクリエイティブな文化を発信する、世界に開かれた場所になっていくことが望まれます。

一九六〇年代の近代主義で建てられた建物の多くは貧困である

いまの銀座は、若い女性の購買欲に合ったところだけで世界化しているともいえます。しかし、本物志向で、しっかりした文化や歴史、環境の仕組みが整っている街という面はいまなお失われていません。

ただ、建築様式からいうと、一九六〇年代の近代主義で建てられた建物の多くは貧困である、という問題点を抱えています。安い材料で経済第一主義でつくったり、場所のことを考えずに均一につくったり、装飾を否定したり……などをあげることができます。それらは近代建築の理論としては正当性をもちましたが、結果的には人間の欲望や感性からするとあまり本質的なものではなく、やはり、一時期の時代現象だったと思います。

ですから、居心地がよく、喜びが味わえる場所、その器としての建築を考えれば、人間がつくりあげてきた長い歴史的な経験が建築の語法としても、空間の質としても再評価されるのは当然だと思います。

ポストモダニズムは、表層のデザイン語法として歴史的言語を操作して、形態だけで終わってしまった感が強いといえます。一方、よくはやっているブティックなどでは、歴史的様式を現代風にアレンジして使っているところが多いようです。

このように、一九二〇年代の銀座と一九八〇年代以降の銀座がどこかで対話しているところがあり、一九六〇年代の無機的な建築が影を潜めているのが非常によくわかります。

都市全体のあり方から、プランニングの質、材料の質、建物と人間の関係まで、トータルな再検討を加え、一九六〇年代に窮屈になってしまった空間を、その根本から解体していくことが必要だと思います。そうしてはじめて、開放的な精神が自由に演じることのできる場を生み出すことが可能となるでしょう。

一方、原宿、渋谷、下北沢などは、近代主義とは異なる街の仕掛けやデザイン装置化が積極的に行われ、一九六〇年代建築の解体を成功させました。一九六〇年代の大型プロジェクトとは違った形で、建築と場が一体となり、演じることが可能になったのです。そうしていま、それもまた消費され尽くされようとしている――それが現在だと思います。

歴史的集積のある古い都市を二一世紀へ向けてどう再生していくか

いまの日本では、新しい街のモデルをどのように提案したらよいのかが見えていません。バブル期の発想が、時間がずれてバブル後に実現したものがいくつかありますが、魅力ある新たな街のモデルは提示されておりません。恵比寿のガーデンプレイスやお台場は一応成功しているといえますが、二一世紀にもう一度骨太に都市の魅力を引き出すものとしては、成功したモデルではないと思います。

二一世紀へ向けて、これから本格的な新しい街づくりをする。そのためには、歴史的集積があり、記憶が豊かに溶け込んでいて、機能も形態も人も複合化している既存の都市をどのように再生していくか――それを考えることがベストだと思います。

ヨーロッパは、ニュータウンの建設ではそれほど成功しておりませんが、歴史の古い都市に挑戦して、その再生に成功しつつあります。そうした都市再生の試みを、ヨーロッパやアメリカはこの二〇年、果敢にやってきています。

日本はどうなのでしょうか。たとえば京都です。京都は駅ビルが高層化し、これから大きく変わっていくといわれます。京都の新しい街づくりの一環として国際コンペが実施されようとしていますが、京都は二〇二〇年には人口がかなり減ってしまうことが予測されています。

京都は歴史があり、観光的蓄積があるように見えますが、観光客は減っており、特に若者が少なくなっております。そのため、文化発信機能も弱く、コンベンション機能もかつては東京に続いて二番目でしたが、それも落ちています。

こうした京都のような都市こそ、根本から発想を転換すべきではないでしょうか。右肩あがりの発想そのままでの量的拡大よりも、京都の培ってきたデザインやセンス、質の良さ、街の面白さを再生することです。いいかえれば、ヨーロッパがこの二〇年間やってきた経験を、日本的な現代のセンスと技術によって生き返らせること、京都はそれに適した街だと思います。

碁盤目状の街路の明快さと多様なものを組み合わせてデザインしていく知恵

銀座は大きく俯瞰すると碁盤目状の街路構造をもった街ですが、規模によっては一般的にはこうした街路構造の街に魅力をつくり出すのはかなり難しいといえます。たとえば、札幌や名古屋がそうです。しかし、歴史を調べていくと、場所の規模にあった上物の描き方しだいでは魅力が出てくることがわかります。

ニューヨークは摩天楼をつくることによって、碁盤目状ならではの迫力ある通りを生み出しました。またシリアのダマスクスは碁盤目内部の迷宮的なものが大きな魅力となっています。銀座もまた、碁盤目状街路の街でありながら、面白い空間をいくつもつくり出しています。場所ごとに特徴のある性格をつくり、それをネットワーク化しています。全体として多様であり、演じるのが面白い、碁盤目状街路構造の傑作だと思います。銀座にはいろいろな集積があり、通りごとに統一性をつくる意志があります。銀座全体の統一性もあるのですが、個々の場所が一見均一に見えながら、それぞれの通りの意志を表現して、全体が構成されています。このように、部分と全体が複雑に組み合わさって構成されている場所はめずらしいといえます。

銀座には街に入る入口にあたるものがあり、路地があります。かつては掘割もありましたから、場所の多様性にはさらに奥深いものがありました。

ヨーロッパの場合、公共空間と私的空間の違いがはっきりしています。特に一九世紀以降、それが明快になりました。それが近代都市であり、都市計画もそうした方向性をサポートしてきたわけです。

一方、銀座には不思議な中間性が感じられます。隠れ家もあれば、晴れがましい公的な街路空間もあり、半ば公的な空間もあります。それらの秩序が単純ではなく、非常に複雑で面白い組み合わせになっています。ところが、そうした中間性があまり自覚されることなく、むしろ均一空間化へ向かわせる力が戦後ずっと働いてきたように思います。

銀座は、橋のたもとの広場のような晴れがましい公的な空間をなくしてしまいました。これからそうしたものをつくることは必要でしょう。ただ、それはあまり大きくなく、街角のちょっとしたスポットでもよいと思います。また、居心地のよい隠れ家がなくなってしまいました。これについても、何らかの形での再生が望まれます。

幕張メッセがオープンする時に行われた記念シンポジウムのテーマが「ラビリンス」（迷宮）でしたが、これからの都市では、いろいろな局面で迷宮性が重要になるだろうと話し合われました。銀座には、碁盤目状街路構造の明快さと、多様なものをうまく組み合わせてデザインしていく知恵としての迷宮性が、魅力的に展開していく可能性があります。なぜならば、銀座は実際にそうやってきた歴史的な集積や記憶をもつ街であるからです。

多様な魅力に満ちていた銀座から何を学ぶことができるか

銀座の魅力は多様な要素を巧みに混在させているところにある

銀座には強烈な場所の意志があります。老舗が育ててきたところへ、新規の店がうまく調和していっているところにも、場所の意志の強い働きを感じとることができます。また、ロンドン、パリ、ローマ、ニューヨークといった世界の大都市と比較しても、銀座ほど密度が高く、たくさんの表情をもっていながら、しかも品位を保っている空間はありません。銀座は多種多様な要素を巧みに混在させていて、そこに独自の魅力をつくり出している街だといえるでしょう。

明治以来、専門商店の数はほとんど変わりませんが、一方で業務空間化が著しいのが特徴となっています。日本の街では、土地のあり方がその表情に強い影響を与えています。銀座の土地所有は災害などでは変わりませんでしたが、税制で大きく変わったのです。

創造力をもった銀座というプレステージの高さを活用し、業務空間をどのように展開していくのかが、今後の銀座の街の表情を左右していくことになるでしょう。銀座は本来、チャレンジ精神に富み、サブ・カルチャーを受け入れる実験を行う意志のある場所でした。しかし現在の銀座は人の流動性がなくなり、街がしだいに硬直化していっています。

場所の意志が見失われつつあり、そのために銀座の魅力が薄れていっている。そうした状況にさらされていることを考えなくてはならないでしょう。

生命的な統一性を欠いた機能主義の場所

銀座の場所の意志は、やはり生命的な統一性をもったところにあると思いますが、近代はある意味では、そうした統一性が衰弱していく流れをつくってきたともいえます。

それでは、ポストモダンが文字どおり、近代以降の新しい空間を開いたかといえば、そうではないでしょう。ポストモダンは、近代に対するアンチテーゼだったと思いますが、アンチテーゼはテーゼに対して単に対抗するだけのもので、そこから未来は生まれません。

近代という話法は、つきつめていけばいくつかの建築や建て方に集約されていくでしょう。一つは構造の美です。超高層もそうですし、パリのグランパレのように基本の素材をガラスにして、大きな構造をつくりました。それは一つの実験だったと思います。マンハッタンもそうやってできたわけですが、空間の質としてはネガティブな側面をもっていました。

もう一つは建築材料の不思議さです。鉄骨やガラス、アルミといったものが新しい材料であったために、その特徴を過度に利用したのですが、これがどういう意味と効果をもたらしたのかという反省はあまりなされておりません。材料は空間に従属するという思想ではなく、材料がもたらす斬新さが、近代建築には特化されてきました。そういう問題があると思います。

それから、オリジナリティ神話が近代の論理と同じように出てきたことがあげられます。「空間は場所の文化であり、歴史であり、そこに咲くもの」という側面が落ちてしまい、「スーパーマンのような個人が造形してしまうことからはじまる」という錯覚が生じてしまいました。それを促進した側面があります。ゼネコンもそのほうがやりやすかったという面もあるでしょう。

いちばん大きなものは機能主義です。筑波学園都市の例もそうですが、機能的にも生命的な統一性を構想するのではなく、機能を非常にプリミティブな言語に分解してしまいました。交通時間とか面積とかの言語に分解してしまったことによる、生命性のなさが問題です。

もう一つは、原始的なレベルでのパーフェクト志向です。空間の目的を平面的な言葉で説明して、「これで全部いい切った」と空間を語った気になるということです。このことが、建築にも都市計画にもものすごく乱暴に出てきたと思います。

前世紀末から一九二〇年代にかけて、「このままでいったらどうなるのだろう」という恐れのなかから、一種の人間的な回帰も含めて、アンチテーゼとしてのアール・ヌーボーやアール・デコが起こりました。これは、もっと別に「総合的なデザイン手法があるのではないか」という問いだったように思います。都市や建築、あるいはスプーンのデザインなど、そうしたものに脈々と息づく、生命的な統一的手法はあるのだろうかという挑戦をしたのではないかと思うのです。現在、そうした生命的な全体性が懐かしがられているような気がします。

銀座は近代日本の商業空間として唯一成熟した経験をもっている

場所の意志、その力は、文化の成熟と密接な関係があるのではないかと思います。

たとえば、年をとればとるほど若くなる人がいます。こういう人は成熟しているのだと思うのです。ヘルマン・ヘッセの『人は成熟するにつれて若くなる』（草思社刊）という本がありますが、それは実際にはどういうことなのかと考えますと、よいものをたくさん知ることによって、細かい差異に敏感になることなのではないかと思います。

そう考えると、たとえば銀座は、近代日本の商業空間として唯一成熟した経験をもっているのではないでしょうか。

また、銀座の昔のビルの写真集を見ると、ヨーロッパの成熟したものをうまく取り込んでいます。そうやって人々は、成熟した香りを胸にたっぷりと満たしていったはずなのです。ノスタルジーとはそもそも、「成熟したものが一度あったのだ」という記憶からきているのではないでしょうか。銀座は新しいものを取り入れてきましたが、それと同時に、素直に成熟したものを取り入れていった――そうした記憶をもっているように感じます。

銀座の過去の栄光と未来への可能性

関東大震災直後の再生の意志と能力がその後の銀座には出てこない

明治以降、日本の文化はヨーロッパをモデルにしながら定着していきました。上野の山の美術館などの建物はその典型だと思います。そうやって、ようやく洋風文化の武装が整った時期に関東大震災が起こりました。そのために、かえって自由な大衆文化の実験が可能になり、廃墟のなかから新しい憧れが生まれていったのでした。

銀座についても、まったく同じことがいえます。

歴史的に見ると、銀座がいちばんエネルギッシュだった時期は、関東大震災後のバラックが立ち並んだ時期だと思います。この時期には、ある意味で成熟とは逆のラジカルな銀座がありました。それは、自由に表現していこうとするデザイナーとアーティストが結びついて、前衛的にやることができたからではないかと思います。そうした再生の意志、かつて発揮された自由な力とその能力が、その後の銀座にはまったく出てきていないのです。

銀座は正統的な文化志向を基本にしている

銀座は関東大震災の後、先鋭的なバラックだった時期もありましたし、輸入物産的な時期もありました。しかしながら、輸入物産的なものでも昔といまとでは大きな違いがあります。

たとえば、たくさんの海外ブランドのブティックがありますが、ショールームの性格が強く、買い物以外の目的をもったお客さんもいます。一方、昔は銀座の資生堂まで来なければゲランの香水を買えない、という状態でした。

また、日本中の駅ビルに入っているネクタイのチェーン店があります。銀座の本店は、いわばその顔です。特に大事なお客さんなどへのプレゼントのために、わざわざ銀座の本店で買うといった感じで、店の売り上げは少ないそうです。しかし、全国に三〇〇軒の店を出す目的があり、そのため銀座に本店を置いているということです。

そのように昔といまの状況は違うのですが、生きた街づくりという点では本当に機能しているのかどうか疑問です。

そういう意味で、銀座は正統的なハイカルチャー志向を基本にしている感があります。ヨーロッパ的な品のよさは、それはそれで素敵なブランドなのですが、昭和初期の銀座がもっていた躍動性をもう一度入れないと、硬直した既存の枠から逃れられないと思います。

文化と商業がなくなればモノの均質空間しかなくなる

建築家の岡本哲志氏の調査によれば、一九六一年から一九七九年の一八年間に、銀座通りの五〇パーセント以上の建物の建て替えがなされて、銀座の街並みが揃いました。そのため、銀座全体としては二階建てが一九五四年には一六八四棟あったのが、一九九四年時点では一七九棟しかなくなりました。だいたい七〜九階が基準の状態でつくられていった時、ある種の均質空間が生まれて、モノを作る職人も、住んでいる人も外に出ていってしまいました。

こうしてできあがったモノだけの均質空間のなかで、建物内部の六〇パーセントをビル貸しの不動産業としてやっており、商業は四割しか成立していないのです。しかも、この六割の不動産業に対する運営上の方針が何もなく、何が入ってくるのかわからない状態です。

銀座がもっていた商業的空間そのものも、空間のつくり方としては限界にきています。かつてあった新聞社や出版社といったより文化的なものは出ていってしまいましたが、これからは画廊の撤退も起きるでしょう。文化と商業の両方がなくなると、本当にモノの均質空間しかなくなるのです。そうなってしまえば、銀座は本来の力をまったく失ってしまうでしょう。銀座全体の都市計画の方向性を立て直さないといけません。

銀座はかつて、あらゆる階層の人間の欲望にすべて対処できる街でした。戦前ならば、奥様階級がやって来て、呉服売場の番頭さんがそれを迎える光景がありました。また、夕方になると芸者さんが旦那と歩いている光景、夜になると文士の殴り合いがあったり、英文学者・評論家の吉田健一がソバ屋で人の批評をまくしたてているとか、そうした光景が見られました。現在はそうしたものが少なくなってしまいました。普通の高級な買い物の場になってしまったのです。

銀座は非産業的な多様性をもつ意志を失ってしまった

かつて銀座に文士が集まっていた背景にはいろいろな要素がありますが、一つには出版関係の事務所や新聞社が多かったことがあると思います。それらが銀座から出ていったというだけではなく、大学もマスコミも出版社も、マス的、画一的な文化づくりを事とするようになってしまい、全体的に文化を創造する力が落ちています。そうした文化の流れに銀座も同一化していったということでしょう。

銀座という場所の意志は何だったのでしょうか。

地域の場所の意志は風と水で表われてくるのですが、掘割が埋められてしまったことが銀座の変化にとって決定的だったと思います。その時から、銀座は水まわりのような多様性をもたないという意志がはっきりしてしまいました。

さらに、場所の意志として非常に重要だと思われる商いと多様な動きという二つの意志が、画一的な産業商品の販売とそれにまつわる動きになってしまいました。モノをつくることと結びついた商いとその多様な動きの意志が、恐ろしく衰退してしまったのだと思います。

銀座が都市計画としての構想をもち、いくつかの拠点の文化化を方向性として打ち出していけば、新しい都市づくりの典型を見せることができるのではないかと思います。もし銀座の主要な老舗がそうした意志をもち、「文化を創造する銀座都市計画に入る」と表明したとすれば、それは大きな力となるのではないでしょうか。「銀座通り連合会」を中心にした「銀座都市計画会議が、そうした街づくりビジョンを一九九九年一一月に発表するようです。

まったく新しい次元での空間演出の方法

新たな次元での空間デザイン――六つの新しい構造をどう組み立てるか

新しい都市づくり、新しい空間づくりを考える時、モノの生産の次元と空間の生産の次元との間には飛躍がある、という認識が重要です。文化資本経営をめざす企業は、新たな次元での空間デザインの構造と規模を総合して、そのことを自覚的に考えていく必要があるのではないかと思います。

文化資本経営企業にとっての空間デザインには、少なくとも次の六つの構造があります。

①商品空間デザイン――商品のディスプレイ、化粧台、インテリアなど、商品の置かれる空間のデザイン

②ショップ空間デザイン――小売店やショールームのように、建築の一空間ないし小空間のデザイン

③建築空間デザイン――本社、研究所など、一つの建築物とその周囲の空間のデザイン

④街並み空間デザイン――本社と街路との関係空間など、いくつかの建物のコンビネーションであり、通りの空間全体のデザイン

⑤都市空間デザイン――都市計画的空間とその象徴性の空間デザイン

⑥場所環境空間デザイン――山や川などを含めた、場所景観全体のデザイン

建築空間デザインと街並み空間デザインを中軸にして、この六つを文化差をつけながら、上手に組み立てていく空間デザインの方向性があると、バランスがとれた豊かな空間を人々は手にできるのではないかと思います。

こうした多様な空間デザインを、コンセプトをしっかり立てたうえで創造的に設計し、それぞれの多様性を保障するとともに一貫性をもたせていくことで、企業の文化資本空間が社会的、国際的に演出されると思います。

空間に思想や哲学、文脈や物語、視覚的なイメージをつけていくこと、それが実質的な文化の経済化なのだと思います。いままでは、まだ経済の文化化のところにあるのですが、文化の経済化では空間デザインが重要な意味をもってくると思われます。

文化の経済化は領有空間の開発にかかわります。それは単に物理的空間をつくりあげることではなく、空間形成をもって資本や商品や市場などのルールを変え、経済域を切り開くことです。そのためには、領有空間の文化市場開発が、価値・空間・時間の総合性をもって展開されなくてはなりません。

自社ビルには「何をしたいのか」の表現が必要となる

文化資本経営企業の新しい空間づくりには、「これがこの会社なのだ」という表現が大切であると思います。それはまず、企業ビルのなかでも特に本社ビルのあり方だと思います。「この企業は何をしたいのか」ということが、本社ビルで感じられることが重要だと思うのです。本社の空間に入った時に、「ここは何をしたい場なのか」ということが感じられることです。本社とその他の企業ビルが固有さを表現していることです。そうならないとすれば、近代の空間が機能的な均一空間となり、個性を失っていることと関係していると思います。

たとえば、一人の芸術家が歴史的に影響力をもつ作品をつくる場合、ピカソならばピカソがもっている資質や固有性と、時代のもっている待望感がうまく重なり合ってはじめて普遍性をもつことができるのだと思います。「これが〇〇社なのだ」という主張もまた、そこのところを明確につめていく作業が必要でしょう。

建築空間とは本来、そこで何を営みたかったのかを表現する場所でした。大仏殿ならば「仏教が広まるのはよいことだ」と訴えるために、あれだけ大きなものを建てたのだと思います。

企業が地域と重なってきた歴史からいって、企業が「何をしたいのか」とは結局、企業が「述語的意志」をもって何をしたいのか、にかかってきます。それは、「地域に対してこうする」というのではなく、「その企業は地域をこのようにとらえており、それに基づいて、企業の意志としてこのような表現を行う」ということになるでしょう。

そうやって、他者への説得力を生み出すことが大切です。「なるほど、では私もこうしよう」というように他者を誘発することができ、地域の人たちが集まり、「それならば規制条項をこうしよう」といった具体的な話までができるようにしていくことです。

いずれにしても、地域に対してはっきり存在を主張するには、企業は地域の場所の意志をふまえた空間を提示しなければなりません。

多様な構造を整理して、先ほど提示した六つの次元の空間デザインを総体として演出することだと思います。

経済性・機能優先が変わらなければ空間は変わらない

文化にはいまのよりも上位のものがある——古いよいものにはそんな予感が確かにあります。たとえば、社屋を建て替える時にそんな予感が働いて、「一階と二階のフロアデザインはそのままにしておきたい」と思っても、消防法などの理由でできないということが起こりえます。あるいは、施工側の都合で「できない」とされることもあるでしょう。古い建物には不思議な動線がありますから、それが現在の建築手法からは残せなくなってしまうケースは多いのです。

優先順位が身体的なものから離れた時に、そうしたコンセプトの逆転が生じたのだと思います。ある意味では、そうして近代的な方法が出てきたのだともいえます。もちろん、単に逆戻りすればよいというわけではありません。ただ、一度は古いものに戻らざるをえないことも、またあるのではないかということは、考えておく必要があるでしょう。

優先順位を変えるとどうなるのか、それが問われるのだと思います。いまは面積や大きさといった経済性が優先されますが、この優先順位が変わらない限り、空間は変わりません。優先順位を変えることで、同じ言語や話法を使ったとしても、まったく違ったものになるのです。

いまはスタイルや機能が優先順位の上位なのですが、優先順位が変われば、建築空間が変わってきます。その時に、たとえば老舗であれば、長い歴史とお客さんの信頼を背景にしたところで、何を優先順位とするのか、ということになるでしょう。もちろん、最低限の機能は満たしていなければいけませんし、それ以前に建築法規は守っておかなければいけませんが、それは技術的な問題にすぎません。優先順位をどうするのかが決定的だと思います。その順位を誰も矛盾と感じないようにつくっておけば、たとえ左官屋さんでも塗り方は変わってくるはずです。

気持ちのよい場所には「厚み」がある

一般的な論理からいえば、新しい空間を追求して、新しいものをつくっても、新しいものにはなりません。できた途端に、後は衰退への道をたどるだけです。そうなるのは、空間を造形としてのみ考えたためです。そういうところに近代的な特徴がよく出ていると思います。

いままで空間といわれていたものは、空間のほんの一部分のことにすぎません。空間を支えているシステムやルール、美意識、運営も含めたものが融合し、はじめてトータルな空間が成立します。そこのところを、建築家もクライアントも非常にいい加減にしてきたように思います。

たとえば、ヨーロッパの気持ちのよい場所には、子どももいれば、おじいさんもいるというように、ある「厚み」があります。しかし、日本の街の多くはそうした厚みを失っています。銀座がそうした厚みをもっていてもよいのですが、やはり偏りがあるといえます。

銀座という空間で、多様な人々の多様な生活が重ならなくなり、それが文化的な魅力が薄れたことの一つの原因だと思います。銀座の時間帯も、銀行や証券会社などに合わせた時間帯にどんどん移ってしまい、外から独立した時間の世界をもてなくなってしまったことが関係しているのかもしれません。

それはつきつめていえば、生産がないことになります。生産があれば、その人にあった時間帯があるはずですが、現在あるのはまるで普通の時間帯です。

銀座に厚みを回復するには、商いと多様な動きがもっと自由で活発になる空間をつくっていくしかありません。

これまで述べてきたように、企業の空間デザイン、地域とのかかわりでまずなされなくてはならないことは、「何をしたいのか」を誰もが納得できるかたちで明らかにすることだと思います。現在の拘束条件をふまえながら考えていくことも大事ですが、それを一度外して考えてみることが必要です。そこから、「この会社は何をしたいのか」「地域はどうなればよいのか」を根本から考えていくことが、地域にとっても企業にとっても、きわめて大切となる時期にさしかかっていると思います。

5章

新しい経営を切り開くビジョンとは何か

コーポレート・ガバナンスとリーディング・ビジョン

新しい文化経済の時代のコーポレート・ガバナンス

内実抜きのコーポレート・ガバナンスをめぐる議論

この章では、コーポレート・ガバナンスについて、これまでおよそ語られてこなかった、しかし根本的な問題を述べていこうと思います。

これまで企業にとっての組織の統治のあり方は、管理・命令系統を中心に語られてきましたが、「はじめに」で述べたように、もはや管理の力をもって社員を働かせ、企業を統治していこうとする企業の時代は終わっています。特に若い人の働き方に文句をいう経営者は多いのですが、そこに実は新しいコーポレート・ガバナンスが要求されていることを知るべきでしょう。

コーポレート・ガバナンスというと、日本ではいまだにメインバンク制を中心とする状況依存型ガバナンス（Contingent Governance）と呼ばれるものが一般的になっています。これは平時には組織内部の経営者が実権を行使し、経営危機などの非常時の場合にメインバンクや株主企業などが介入するというものです。

このシステムのもとでは、現実には株主よりは従業員の利益を尊重するなど、さまざまに特色づけられた日本型経営システムを実行していながら、建前としては法制上の株主の権利が強固に存在しているため、実際的なコーポレート・ガバナンスとの間に大きな距離が出てしまうという、戦後日本特有の矛盾を生み出すことになっています。このへんに、総会屋問題など不透明な株主総会の運営もあり、法の建前どおりにもっと株主の利益を尊重すべきだという主張が出てくることにもなっています。

これは戦後日本が、日本の風土から生まれた独特な日本型システムと、アメリカから受け入れた株主主権に基づいたシステムとを、単純につなぎ合わせてきたために出現したものだといえましょう。

その矛盾がいま、証券会社や銀行などの事件に象徴的に見られるように、さまざまな形で露呈しているわけです。このままではグローバリゼーションの時代には対応しきれないということで、いろいろと改革の論議も行われています。

しかしながら、そこで論議されていることは、取締役会の変更などシステム上の改革に終始したもので、これまでのコーポレート・ガバナンスの内実そのものを問い、その限界を見すえたところで新たな展望を見出していこうとする動きは、ほとんど見られません。

内実に関することといえば、せいぜい日本型シテスムのよいところをどう生かすか、アメリカ型システムのよいところをどう生かすか、それぞれの悪いところをどう切り捨てていくか、どう新しいシステムを構築するか、といったことが議論の中心となっているように思われます。

そうした議論がまったく無駄だとはいいません。日本には日本の企業風土に合った独自のシステムがあってよいわけで、その新しい形を追求することは大切なことだと思います。しかしながら、そこで最も重要なことは、単にグローバリゼーションに対応できるシステムづくりではなく、これからの新しい経済に向けて、あるべきコーポレート・ガバナンスを探り、明確なものとしていくことです。

ここではそのような位置から、これまで取りあげてきたことをふまえて、コーポレート・ガバナンスの問題を考えていこうと思います。

これからの企業は三つのビジョンをどう組み立てるか

第一に、コーポレート・ガバナンスは、直接的に管理や統治をめざして立てるべきものではなく、何よりもまず経営者のリーディング・ビジョンとして立てられなくてはならない、ということです。

先に、生産には象徴生産と経済生産と想像生産という三つの次元があるといいました。これはそれぞれ、生活ビジョンと企業ビジョンと社会ビジョンにかかわってきます。要するに、象徴生産は生活次元からの、経済生産は企業次元からの、そして想像生産はその両者を取り結ぶ社会次元からのビジョンに、それぞれ対応するということです。

なぜこのようなことをいうのかというと、これからの企業ビジョンには、はっきりとした形で生活と社会のビジョンが内在化されていかなくてはならないからです。そしてまた、そもそもの企業ビジョンとは、そうやって形づくられていったものにほかなりません。

この三つのビジョンの違いを、区別しながら同時にしっかり結びつけていくことが、リーディング・ビジョンとしてのコーポレート・ガバナンスの重要なポイントになります。

これを企業ビジョンの側からいえば、商品を中心にした経済生産から資本を中心にした経済生産へのあり方を、生活ビジョンと社会ビジョンを重ねながら組み立てていく必要がある、ということになります。以上を整理すると次のようになります。（次ページの図1、図2参照）

①象徴生産の場所は生活ビジョンにかかわってくる
②経済生産の場所は企業ビジョンにかかわってくる
③生活のビジョンと企業のビジョンの間を結んでいる想像生産の場所は社会ビジョンにかかわってくる

このように、それぞれの生産の場所にかかわるビジョンをどのように結びつけ合い、どのように統合していくかによって、それぞれの企業におけるコーポレート・ガバナンスのあり方が決ま

図1

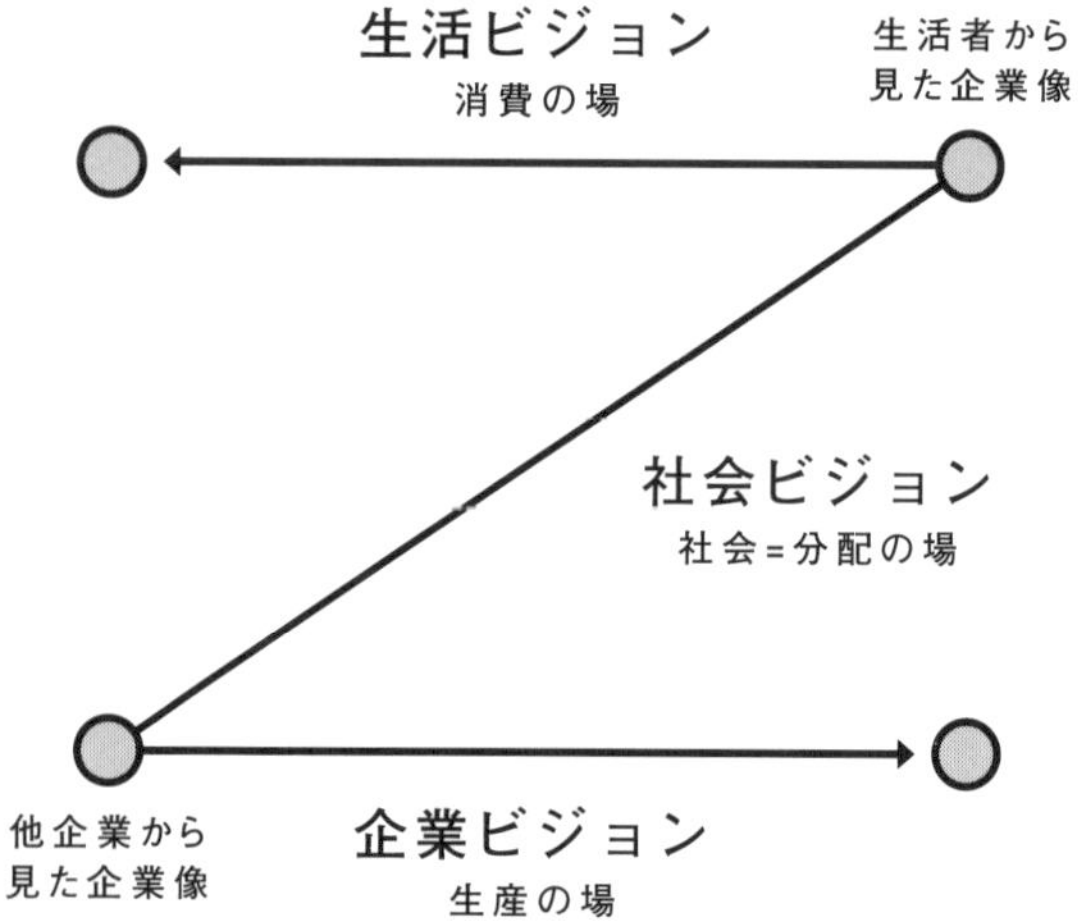
生活ビジョン
消費の場
生活者から
見た企業像
社会ビジョン
社会=分配の場
他企業から
見た企業像
企業ビジョン
生産の場

図2

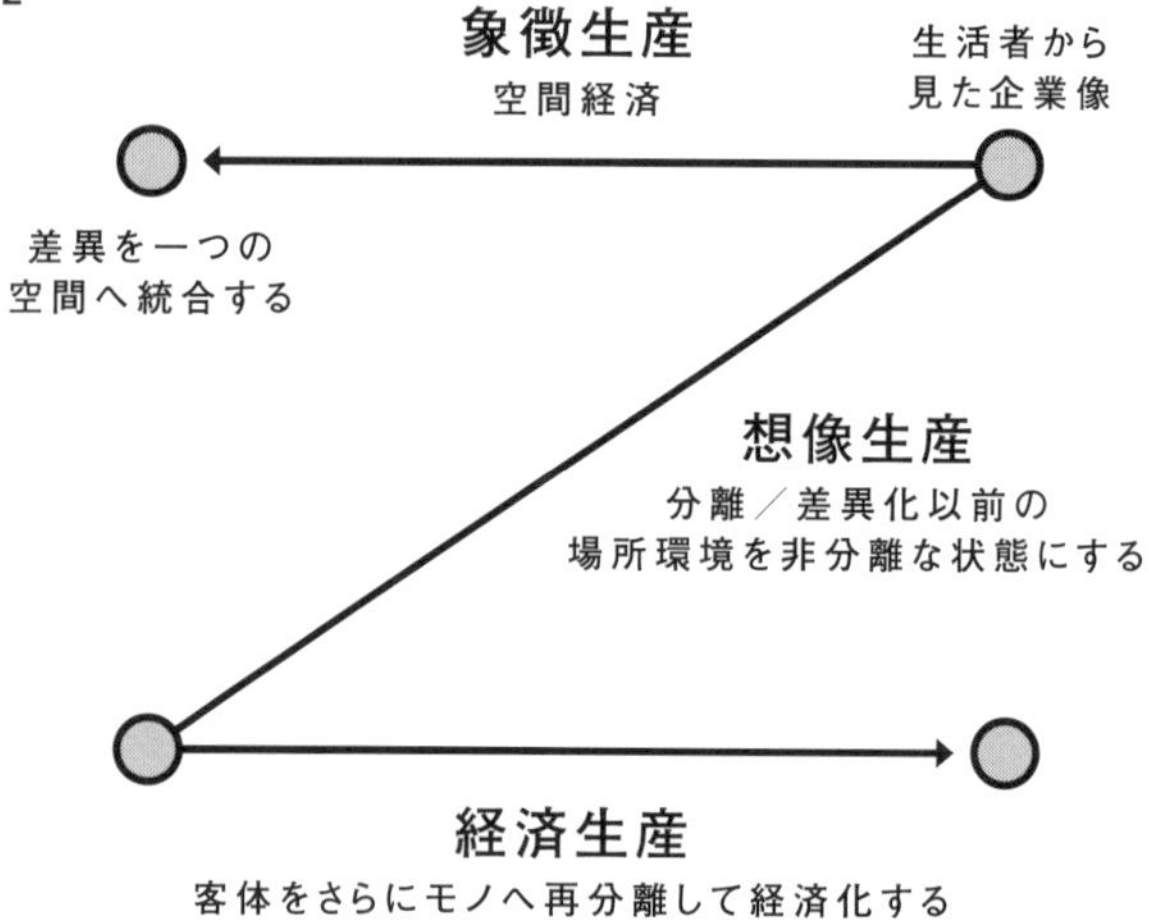
象徴生産
空間経済
生活者から
見た企業像
差異を一つの
空間へ統合する
想像生産
分離／差異化以前の
場所環境を非分離な状態にする
経済生産
客体をさらにモノへ再分離して経済化する

ってくるのです。

分配と流通の場には社会ビジョンが見えなくなっている

二つのビジョンの間を結んでいる社会ビジョンの場所とは、これまで繰り返し述べてきたように、経済的にいえば分配と流通の場になります。

もともとは、みんながより豊かで便利で快適な生活を送ることのできる社会を築くためには、どのような分配と流通の形が望ましいのか、というビジョンから形づくられてきたのが分配と流通の場でした。歴史的には、そのためにこそ飛脚が走り、駅馬車が走り、やがては鉄道が敷かれ、また郵便制度が生まれてもいったのです。

初期資本主義時代の日本企業は、伝統的な社会ビジョンに近代的な西欧の社会ビジョンを接ぎ木することによって、チェインストアをつくったり、営業部員を現地（生活の現場）に派遣したりして、分配と流通の場をつくりあげてきました。つまり、それまでの社会ビジョンの流通と分配のあり方に近代を導入し、新しい生活ビジョンや企業ビジョンをつくってきたわけです。

しかしながら現在、この分配と流通の場は、企業が企業ビジョンに基づいてつくった商品を車や鉄道で消費者の場に運ぶという、物流と交通の場および店舗の場に変貌しています。社会ビジョンから構想された分配と流通のあり方が、産業社会が形づくるモーター輸送と店舗の場に変わり、そこでどのような社会ビジョンがつくられているのかが見えなくなってしまっています。

これから産業社会が超えられていこうとする時、つまり近代を導入するやり方がほぼ達成されて限界までやってきた現在、次に新しい社会ビジョンをどのように立てるのかが大きなポイントになっているのです。

コーポレート・ガバナンスでは、ともすれば企業ビジョンさえ立てればよいと考えられがちですが、それは企業の経済生産を中心にした考え方であり、人々が快適な生活を送るための最低限のニーズが充足されていなかった、古い時代の考え方だといわなくてはなりません。

そうした時代をすでに超えてしまった現在のコーポレート・ガバナンスでは、企業ビジョンと同時に社会ビジョンと生活ビジョンを提言していくことが、改めて求められているのです。

商品中心から資本中心の生産への転換

場所市場の固有性への転換

新しいコーポレート・ガバナンスを探るうえで、企業ビジョンにとっての最大のポイントは、商品中心の経済生産から資本中心の経済生産への転換を、生活ビジョンと社会ビジョンを結合させながら探っていく、というところにあります。

さて、この商品中心から資本中心の経済生産への転換で重要なのは、次の三つのポイントになります。

まず第一に、国民市場という全国に画一的に商品を配布していくことに代わって、これからは、それぞれに個性をもった具体的な場所を中心にした場所市場の固有性が生かされていく、ということです。これは市場の転換になってきますが、さらに生活ビジョンに結合させると、場所や地域の生活価値を大事にし、そのこととともに世界や地球との普遍的な関係のあり方を考えていくことになります。

これまで、産業社会ではどの地域の場所についても同じ生活スタイルを浸透させてきましたが、そうではなく、それぞれ固有の場所が生かされていく場所市場をつくっていくことが、これからの資本を中心とした社会のポイントになります。

異質で個性的なコミュニケーション中心の世界への転換

第二には、等価交換を中心とした世界に代わって、さまざまに異質で個性的なコミュニケーションを中心にした世界への転換です。企業としては、それをどう組み立てていくかが問題となります。

等価交換とは、商品とお金を等価なものとして一対一の対応関係をもたせて交換していくかたちです。一〇〇〇円の価格のものを一〇〇〇円で売り買いするということが、これまでの商品中心のあり方では重要だったわけです。しかしこれからは、この二つの間に別なモノを置きながら、モノの売買関係のなかでいろいろなコミュニケーションが成立してくる、という実際的な関係を考えに入れていく必要があります。

こうした状況は、たとえば若い人たちの間では、携帯電話やスポーツ観戦などをきっかけとした新しい形の交流として、さまざまにはじまっていることでもあります。こうした生活ビジョンの新しいあり方を、企業はコーポレート・ガバナンスに組み込んでいかなくてはなりません。企業ビジョンとしては、単に商品を売るのではなく、商品の使い方からケアの仕方まで、いろいろな美の演出の仕方をこれまでにもやってきたことがヒントになります。

別ないい方をすると、ある売買行為が成立した時、それが環境や場所、空間を生かす社会的行為に還元されたり、またそこに福祉的な行為が働くなど、売買関係それ自体のなかにつくりあげられるようなコミュニケーションの形態があるということです。

このように、具体的な局面ではすでにいろいろなことが起きているわけですが、大事なことはそれは商品交換の次元で起きているのではなく、そこでどのような文化資本を形成するのかという文化の度合いとしてコミュニケーションの次元が成り立っている、ということです。

そうした現象を経済生産の付帯的な現象として軽視するのではなく、逆に新しい社会の中心的な現象として積極的に評価していくことが、これからの企業に求められていることでしょう。

多様なアクションを保障する社会への転換

第三には、商品中心の社会は労働を中心にした社会だということです。このシステムの世界は、労働時間という形で会社や工場で働く時間が決められており、そのなかでどれだけの経済価値をあげることができるのかという世界なのです。

しかし、そこから転換していく資本中心の社会では、多様なアクションが保障されていくことになります。一つの部署で一つの労働をするのではなく、いろいろな部署に所属しながら、いろいろなアクションを起こすことが可能になってきます。コーポレート・ガバナンスでは、その多様なアクションが動きはじめていくあり方、そこをどうつかみ、どう助成し、どう育成していくかなどが重要なポイントになってきます。

以上のように、商品中心から資本中心への経済生産の転換をもたらすポイントは、「場所と生活の市場性」「コミュニケーションの多様性」「アクションの多義性」の三つをいかに生み出していくか、ということになります。

図3

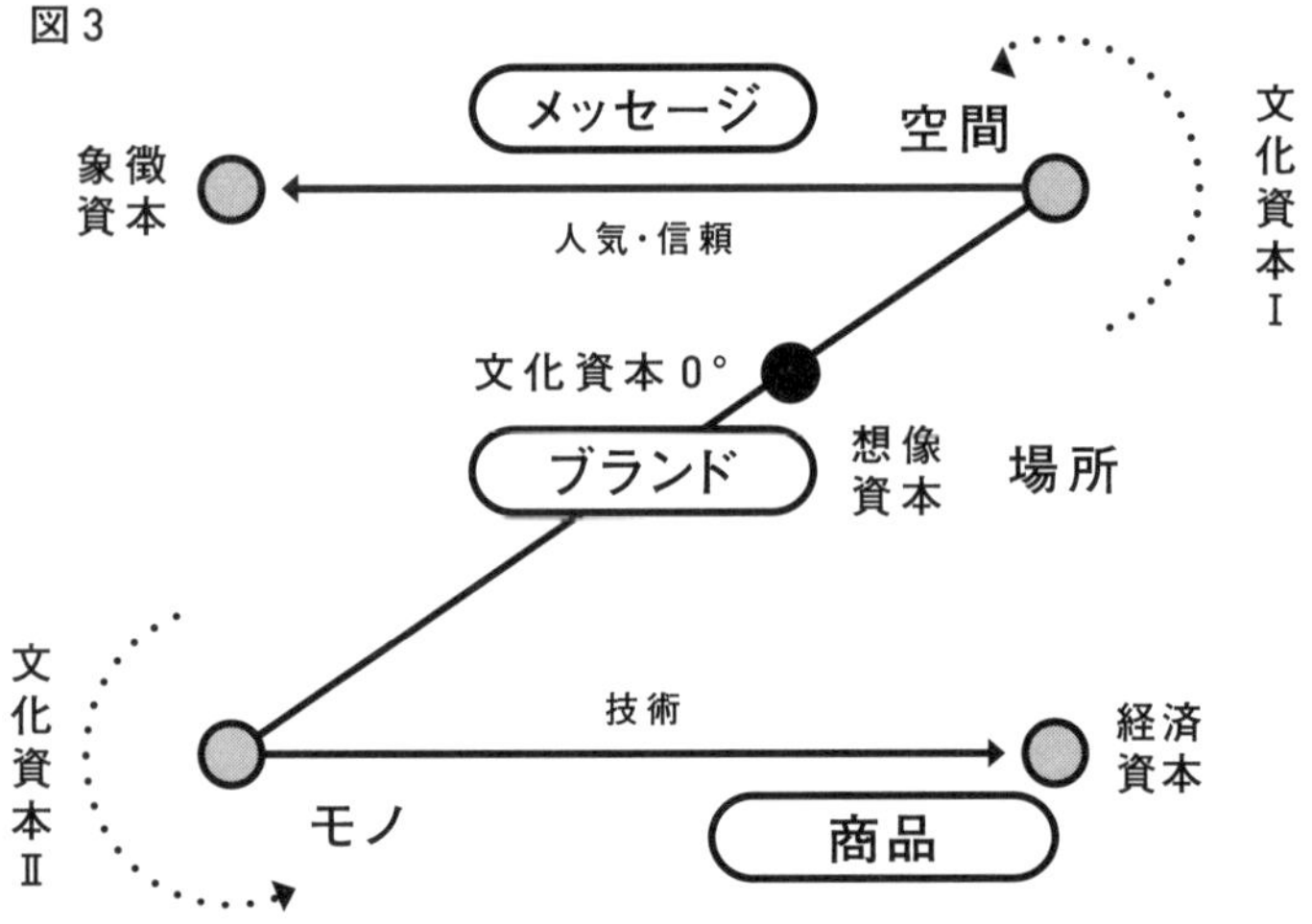

この三つを文化資本として組み立てていくことが、文化資本経営をめざす企業にとっては、コーポレート・ガバナンス上の最大のテーマなのです。こうした組み立てを通して、はじめて新しい企業ビジョンの構想が可能となり、それが同時に社会や生活のあり方を変えていくことを統治するという、コーポレート・ガバナンスを結実させることができるのだといえます。

以上のようなことを、「ブランド・商品・メッセージ」と文化資本との関係から整理すると、上図のような構成になると考えられます。

図3の真ん中の位置に「想像的な生産の場・想像資本の場」があり、そこにブランドが位置づくと考えられます。文化資本0度の位置にある「ブランド」、それはまた企業の場所にもあたるのですが、ブランドを形成していく人間の力

をはぐくむ資本の力です。このブランドから二つの方向が出てきます。一つは象徴資本の形成へ、もう一つは経済資本の形成へ向かいます。

象徴資本化は、ブランドをメッセージとして市場へ組み込むべく、人気・信頼を高めつつ販売力を競い合う力を強くすることです。ここに文化資本力が働いていると考えられます。

経済資本化は、ブランドを商品へつくりあげ、商品の質を高めつつ、それに必要な技術を開発し、商品が売れるスケールを定めていくもので、文化資本力が働いていると考えられます。

このように、一方では「文化資本力Ⅰ＝想像資本を象徴資本へ形成する力」が、他方では「文化資本力Ⅱ＝想像資本を経済資本へ形成する力」が、場所の文化資本0度からつくり出され、「ブランド・メッセージ・商品」の市場が開拓されていると考えられるのではないでしょうか。

企業ビジョンは社会ビジョン、生活ビジョンとどう結びつくのか

民主主義の実質の変化にどう対応するか

これまで、社会ビジョンというと、暗黙のうちに社会主義のビジョンに大きくとらわれていま

した。その実質は反資本主義なのですが、「これは社会主義や共産主義ではない」という形で、民主的とか社民的とか修正資本主義的とか称される資本主義の社会ビジョンが成り立っていました。そして、それらを一括して民主主義だ、民主的な社会ビジョンだといっていれば、ある程度成立してきたのがこれまでだったと思います。

それがいま、社会主義というビジョンが崩壊したため、資本主義の社会ビジョンが明確に表われない状態ともなっています。そうした状態のなかで、社会福祉をどうすればいいかとか、社会的に公正な配分をどうすればいいか、といった論議がなされているわけです。

いま社会ビジョンの面で起きている大きな変化は、民主主義の実質が変わろうとしていることです。それは間接的な民主主義から直接的な民主主義への変化の動きといえるでしょう。

そのような動きは、先にも述べたように、ゴミ処理場や原子力発電所の建設が是か非かを住民投票で決めよう、という形で表われています。住民投票は、市民社会の法としては何らの拘束力もないにもかかわらず、現実的には地域の具体的な場所に暮らす住民の表現形態として、現在重要な意味をもちはじめています。

このように、より直接的な民主主義の形が社会ビジョンの場で求められるようになってきていることは、企業にとってはとても大きな問題です。つまり、企業がどういう社会ビジョンを描き、それをどう表現していくのかが、今後は社会的にも生活的にも、場所を根拠地にした消費者がより大きく注目するところになってくるからです。

その社会ビジョンのあり方が、一つには流通と分配の領域にかかわっていることはいうまでもありません。これまでの経済は、未分化で不鮮明な状態を分離することで成り立っていたわけですが、それを非分離としていく表現スタイルが求められている、ということです。そうした社会の要請が、これからの新しい知識創造や科学のあり方を決めていくことになるでしょう。

生活ビジョンでは、個々人の個人化が進むなかで、消費者が社会や企業に目がとどく生活者として、自らの生活環境をどのように表現できるのか、ということが重要になってきます。これを生活者の側からいうと、これまで身の回りに産業社会がつくったものを配置して自分の生活の雰囲気をつくっていた次元を超えて、自分の生活空間を場所に応じてどのように表現していくかという次元へ、自ら移ろうとしているということです。

生活者が街並みや都市の景観までも射程に入れたうえで、自分の住居をつくったり、モノの使い方を決めていこうとする場所での生活ビジョンが、これからは消費の場でますます求められていくことになるでしょう。

新しい環境・空間の形成をめぐって

第二の転換をめぐるコミュニケーションについていうと、それは新しい環境や空間の形成ということでもあります。新しいコミュニケーションが入ってくることのできる環境や空間づくりと考えることもできます。

日本で働いているフランス人シェフのジャック・ボリーが、商工会議所で講演した記録にそういうことが載っています。そこでジャック・ボリーは、「私どもが提供する料理の価値は、素材や料理の値段ではありません。召し上がっている空間とか、そこで交わされる会話とか、雰囲気などすべてをトータルにとらえたものです」といっています。コミュニケーションはそのなかの重要な柱なのです。新しいコミュニケーションの発生は、それにふさわしい空間環境をどうつくるか、ということと不可分なものだといえましょう。

たとえば、いま一万円の商品に世界的サッカー選手のサインが付加されると五万円なり、一〇万円で売れることがありえます。こうしたことは、これまでは単に付加価値が付いたのだ、ということで理解されてきました。しかし、これについてはそうではなく、そこに関係する人間たちの新しいコミュニケーションが成立している、という新たな現実を見なくてはなりません。

あるいはまた、一〇〇人以上を単位とするサッカー観戦ツアーの切符が売り出されています。そこでは多くの場合、単なる観戦ではなく、サッカーの新しい魅力を感じている人々や、それなりにサッカーのあり方に意見をもっているような人々が集まってのツアーとなっていきます。そこで、サッカーについてのいろいろなアイデアが出てきたり、さまざまなコミュニケーションが成立していきます。どんな環境がより観戦にふさわしいかとか、こういう観戦をしたいから、サッカーリーグもこうあって欲しいとか、いろいろ出てくることでしょう。

こうしたこともまた、環境や空間をどのようにつくっていくかという話につながっていくと思います。小集団ツアーなどの場では、そういう現象がすでに起きているのです。

このことは商品の交換ではなく、資本を中心的な場として、どんな空間をつくっていくかという次元の問題だといえます。これまでは、観戦して観光しておしまいだったのですが、それが実はきっかけでしかないというところから、コミュニケーション環境をどうつくるかというところへ重点が移ってきているのです。

経営者のリーディング・ビジョンの果たす役割

コーポレート・ガバナンスは、経営者の「社会をどうしたいか、それに向けてどのように働きたいか」という意志、経営者のリーディング・ビジョンに大きく左右されます。しかし、企業の歴史があればあるほど、新しいリーディング・ビジョンを打ち立てていくことが難しくなる、という問題があります。

そこで、リーディング・ビジョンは経営者個人がつくるものなのかどうか、という問題も出てくるように思います。

たとえば、ＩＢＭはワトソンがはじめた企業ですが、ガスパーが最高経営者となったところで大きく変化しました。しかし、ガスパーは依然として旧来のＩＢＭのリーディング・ビジョンを踏襲していると思います。戦術的には集中したり、分散したりはしていますが、基本は変わっていないのではないでしょうか。そういう意味では、ＩＢＭは最初にワトソンが打ち立てたリーディング・ビジョンの呪縛から、依然として逃れられてはいない感じがします。

論理的にいえば、個人のビジョンがないと組織のビジョンはできません。歴史のある企業が大きな転換期に立った時、経営者が新しいリーディング・ビジョンを打ち立てられるかどうかは、経営者個人のビジョンがどれだけ普遍性を押さえているかというところで決まってくると思います。逆にいうと、普遍性を押さえていけばそれだけ、個人の資質も高まっていくといえるでしょう。

近代においては言葉が優位でしたが、いまはかなり違う次元に入っているように思われます。言葉ではいいきれなかったり、あるいは数値化できないものがあり、そこに新しいビジョンの根拠があるように思います。

想像力を喚起するような広がりこそが空間だとすれば、空間の概念のなかにビジョンも入ってきます。この想像力を喚起するような広がりとしての空間を、拡大するか狭めるかによって、たとえば建築空間のよさも決まってくるのだと思います。

企業ビジョンと公益性

企業活動自体が哲学や理念を提示できていることが重要

企業が、自らの活動によって利益をあげていかなくてはならないことは、いうまでもありません。しかし、ヘッジファンドのようなマネーゲームでお金を儲けることを目的とするスタンスに対しては、「それは違う」とその姿勢を明確にすることが重要です。

もちろん、そうしたスタンスでお金を儲けるというやり方はありうるでしょう。しかしながら、拝金主義、お金至上主義の世界で企業が動いているわけではないということをはっきりさせることが、企業活動の前提として必要だといえるでしょう。

一般的な企業では、マネーゲームをその戦略に組み入れるより、もし使うならば戦術的に使うべきです。戦術的に使うだけの戦略をもつことだと思います。

マネーゲームはお金を稼いでくれる力をもっていますから、それがまともに戦略に出てくると、企業活動はものすごく停滞します。そこを戦術の領域でしっかり押さえていく戦略をもてばいいと思うのです。しかし、そういう使い分けをするには本格的な文化資本力が必要です。実際、そうした力のない企業では、多くがマネーゲーム禍に陥ってしまったといわざるをえません。

いずれにしても、金融が生み出す利益については、少なくともこのような前提に立つべきでしょう。そのうえで、「美しさ」「心地よさ」「暮らしやすさ」など、どのような質を生活者であるユーザーに提供したいかという姿勢をはっきりさせること。それが、企業という共同組織のリーダーにとって、また構成員にとっても、きわめて必要なことだと思います。

そうしますと、そこでは企業組織としての、共同組織としての哲学が問われてきます。哲学が必要なのは、何も政治家だけではありません。企業家もまた自らの哲学をもち、自分たちは何をやろうとしているのか、どこへ向かっているのかということを語り、説明することができなければなりません。

それは単に、広告でアピールしたり、企業メッセージを発したりというだけではなく、企業活動自体が哲学を提示できている、ということが大切です。それができるかできないかは、組織にとっては非常に重大な問題になってきます。これは企業だけではなく、大学だろうと病院だろうと、どんな組織・機関についてもいえることです。

これからの時代は、活動そのもののなかに哲学が反映していることをめざさないと、個人の活動も企業の活動も成立しなくなっていくと思います。

そこでは、そもそも企業というものは、いったい何のために生まれたのかを考えることが重要となります。それは同時に、これからの企業のあり方を考えることでもあると思います。

そういう意味でいうと、これからの企業は、人間が本来もっているある種の躍動性、あるいは矛盾が生み出す力をある価値観のなかで生かしていくような方法を、宗教や国家という大きなものに代わって提示していく、そのような存在になるのではないでしょうか。実際、そうなっていかないと、これからの世の中は機能していかないと思います。

自分たちは何をしようとしているのか、どこへ向かおうとしているのか――それを自ら説明したうえで、活動そのものがそこへ対応していく、ということが組織の基本的なあり方だといえましょう。

そこで、この「何を」と「どこへ」が、公益とどのようにかかわってくるのかということが問題となってきます。

「国益と公益の対立」「公益と私益の対立」をどう超えるか

公益が国家・社会にとっての重要なテーマとして論じられるようになったのは、一八世紀からのことです。公益は、当時の啓蒙思想のなかでは「最大多数の最大幸福」といった形で、盛んに論じられました。その時の公益とは何かというと、「一般意志を代表するもの」でした。そして、

「一般意志の代表は国家である」という形でくくられていったのです。ですから、当時の考えでは「国家のため」が公益だったといっていいでしょう。

それが戦前の日本のような、軍国主義体制に近いような状況になりますと、「お国のため」が「海外への侵略のため」みたいになったりもします。それも、もともとが、国家という枠組みでのまとまりを第一に立てるところから出てきた考えだったからです。しかし、いまはもう国家第一主義でやっていけるような時代ではありません。

とすれば、現代では「公益」の「公」はどう考えていったらいいのでしょうか。少なくとも、生活者の世界、あるいはローカルな世界とトータルな地球との関係のあり方が、「公」の中身となっていかなくてはならないだろうと思います。そうした大きな関係のなかで、私企業も含めた共同組織がどう位置づくかを考えていくことが、二一世紀の重要なテーマとなってきているといえるでしょう。

国益――国家の益ということでいうと、公益を排他的に囲い込んでいく動きに必ず連動しているといえます。一九世紀の国民国家は、教育レベルを全体に上げていくなど非常に前向きな面をもっていましたが、同時に特定の階層や領域に囲い込んで排他的になっていく面を強くもっていました。こうした国家に代表される公益のあり方は、現在でもなお超えられてはいません。

そこを、どうやって超えていけばよいのか、その超えたレベルで「公」はどのように成り立つのか、ということがいま問われているのです。

お金儲けのために活動をするのが企業だという考え方があれば、お金のために我慢して労働するのだ、という考え方もあります。これは、労働する側の拝金主義だといえましょう。そうではなく、実際には特定の環境なり場所で人々がある行為をし、その行為をすることが経済的な価値を生み出していくわけです。

この価値は、「儲け」という価値とは異なる経済的な価値であることは明らかで、この価値を求める行為は決して拝金主義ではありません。これは、ユーティリゼーション・バリューズ(utilization values)という価値、つまり物事を有効に使用していくことに価値がある、という有用性を意味する価値なのです。

こういったことを厳密に区別しながら、新しい資本の論理、新しい市場の論理、新しい経済価値の論理を考えていかなければなりません。そうした整理をしたうえで、「公益／人間／環境」という概念をもってくることが肝心です。そうしないと、単に「公益／人間／環境」へ転換しさえすれば事は解決できるという、実に安易な考えに陥ることになってしまいます。

私益と公益が対立したり、利潤経済と人間が対立したり、自然と文化が対立したりするのは、何よりも産業社会経済がつくり出したメカニズムによるものです。それを超えるためには、どうしても、新しい概念を用いて、新しい経済社会のシステムを組み立てていくことです。

私益と公益の対立については、これまでに述べた領有とか、あるいはフランスのレギュレーション学派がいっているようなレギュレーション（規則にならないところ、公的なものにならないところ、しかし私的なものではないところで揺れ動いている領域）であるとか、人間の概念が成立するもっと根底にある男女のジェンダーの概念とか、自然と文化の根源にある場所環境の概念とか、そういった媒介概念を思考の手続きとしてもってきて、産業社会経済にとらわれない組み立てをやる必要があるでしょう。

そして実は、それが本来の資本の論理を再生させることでもあるのです。そもそもの資本とは、そのようにピュアなものなのです。

公益が支える自由競争を

産業社会の経済の場では、「公益・公共性」と「私」が対立、分離せざるをえません。分離することで、むしろ私領域の競争が展開されるのですが、その競争は非常に排他的な競争になっていきます。「みんなで自由平等でいましょう」という学校でさえ、成績で排他的に競争をし、受験で選別をし、というようなことが起きてしまいます。機会均等だ、平等だといえばいうほど、また排他性が生じてくるという、そういうメカニズムになってしまっています。

自由競争を支えるのは、まさに公益だといわねばなりません。それは何に向かっての競争なのか、何のための競争なのか、そして競争はあくまでも個的なものを高め合う競争であって、排他的な作用をもたらすものであってはならないということ。そういう競争のメカニズムをつくる必要があります。

そのためには、文化資本経済の場では、文化経済市場や環境経済市場という方向へ、既成の市場メカニズムを変えていく必要が問われてきます。どうすればよいのかというと、自然の場のなかに文化や環境という分配システムのメカニズムをしっかり入れていく、ということです。

競争には、他者を蹴落とす競争と高め合う競争という、まったく性格の異なる二つのものがあります。この高め合う競争こそが大事であることは当然です。また、公共性、公益性といわれるものも、個人や住民を犠牲にするのではなく、相互に生かし合い、高め合うことのできるものでなくては困ります。

そうした競争と公益をめざすには、交換経済を超えて、文化経済あるいは環境経済という形で市場のメカニズムを組み立てていくことが必要です。それには、自分たち企業はどういう社会をつくっていこうとしているのかという、企業の社会ビジョンとして組み立てを図っていくこと。そこが、文化経済市場、環境経済市場をつくっていくうえでのポイントになってきます。

社会ビジョンといってもさまざまだと思いますが、たとえば、美の社会をつくっていこうとか、美の環境をつくっていこうとか、そういうことも、社会ビジョンになりうることだといえましょう。いずれにしても、商品によるメッセージを超えて、企業体としての社会ビジョンを示すことは、公共性にとっての大きなポイントではないかということです。

既成の公益論に見られる三つの混同

公益を論ずるポイントとしては、市場の論理、お金儲けの論理を超えようということ、それに官の論理、公共の福祉の論理、社会政策の論理を超えようということが前提になります。それはより正確にいうと、商品集中市場社会と国家指導の論理を超えていこうということになります。そのために、市民・住民・地域の「民の論理」と「公益の論理」をつくらなくてはならないわけです。

ところが、そのように公益を論じている人たちのなかには、公益についての考え方に、いくらかの混乱が見られます。

一つには、商品の論理と資本の論理の混同です。公益について考えていくことは、ある意味では経済主義、産業主義、拝金主義を超えていくことに重なってきます。ただ、それらを超えていくことは資本の論理、市場の論理を超えていくこととイコールだという誤解があります。問題は資本の論理を超えることにあるのではありません。にもかかわらず、資本の論理を超えなくてはならないとなり、しかも、それが資本の論理ではなくて商品の論理に切り替わってしまっているのです。そこでは、資本の論理と商品の論理が混同され、一緒くたになってしまっているのです。

そうではありません。資本の論理を超えるのではなく、資本の論理が経済儲け主義に引っ張られてしまっている、商品主義に引っ張られてしまっている、という事態を超えていかなくてはならないのです。

市場の論理についても、市場の論理を超えることが問題なのではなく、市場内部で中心的に働いている等価交換主義、儲け主義という関係を超えていかなくてはならないということです。

二つには、社会サービスという形でサービス制度を拡充していこうという論理と公益の論理の混同です。公益がサービス制度の拡充、あるいはサービスの充実にすげかえられてしまっているのです。

現在では、サービスはほとんど商品化されていて、本来のサービス領域の大部分が商品の論理と重なり合っています。教育にしても福祉にしても医療にしても、ほとんどが商品化されています。しかし、サービスの論理と公益の論理はきちんと分けて考える必要があります。

三つには、市民としての平等という市民社会（法）の論理と住民投票に表われるような住民の論理の混同です。これは、行政の論理としてもまったく違うものであって、この論理を混同してしまうと公益は成り立ちません。市民社会の設計として公益だといわれる領域と、社会環境、場所環境、住民環境の設計として公益だといわれるものは、本質的に異質なものだと考えるべきでしょう。

　かといって、市民社会の公益は全部だめだということではありません。市民社会の公益を有効に使いながら、住民の領域の公益の世界を一つずつつくりあげていくこと。そういう「移行する公益」が大事な位置をもつのだと思います。そこが、市民の公益と国益とがどう異なるのかのポイントになると思います。

　そこをはっきりさせないで公益を論じると、市民社会の公共性に、すぐ国益の論理が乗ってきてしまいます。「国民一人ひとりの利益のために画一的なサービスを拡充し、生活に利用する」ということで国益の論理が乗ってくるものとしては、高速道路などが典型的なケースです。学校制度も病院の制度も、そうした論理で国益が乗ってきたものでした。

　そうではなく、市民社会の公益が非国益であるようなものを考えていくこと、そのように「移行する公益」を考えていくことです。それは、市場の分配の論理を変容させるということでもあります。市民マップなども一つの例だと思いますが、既存のものを使いながら、国益よりは住民の利益に近いものは、いろいろつくることができると思います。それを移行的な処置としながら、場所ごとの違いが出てくるような、場所住民の利益になる公益の設計を考え出していくことが大切です。

たとえば、インドネシアのバリ島の水利組合（スバック）による水の配分には、一見不平等に感じられるところがあります。しかし、働きにより水を多く必要とする人の水田に、より多くの水を与えるというような配分は、公正なものとして全員に支持されており、見事に公益として成り立っています。

不平等はだめだという平等第一主義が市民社会の論理ですが、不平等でありながら、それがお互いのためとなって公益となっていくことがあるのです。日本でいえば、かつての農業用水としての溜め池もそうだったといえます。

日本の中世には、一定の約束事を前提に、誰もが自由に出入りでき、自由に利用し合うことができ、講などの寄り合いをもって運営されていた無縁《むえん》・公界《くがい》と呼ばれた公権力の及ばない領域がありました。そもそもは市もそこに発生したといわれます。ヨーロッパの中世にも同じような領域があり、アジールと呼ばれていました。そうした近代以前にあった領域を、産業社会、資本主義社会を経て、これからの社会でどうやってつくっていくのかということが重要だと思います。そこには、移行する公益の大きなヒントがあるといえるでしょう。

有用価値としての公益性

公益をインフラ整備上の問題として考えると、電気、ガス、水道をめぐるエネルギー転換という問題になってきます。このエネルギー転換は、国家画一市場への方向性から、地域住民への方向性をもって整備をしていくということであり、これも公益性、公共性の大きなポイントになるでしょう。

社会サービス制度についてもまったく同じことがいえます。たとえば、全国画一の教科書制度などのシステムに対して、場所ごとに異なる個的なものをシステム設計原理のなかに入れていくことになるでしょう。

現在は情報コミュニケーションが高度に発達していますので、この動きはいろいろなところで可能になってくると思います。そこでは、「すべての人のために」という社会整備制度や市民の論理に代わって、「バイワンセルフ（by oneself）」つまり「自分自身による」という論理となります。「自分のため」と「自分自身による」とは論理が異なります。「自分のため」ですと、結局は「すべての人のため」と同じ論理になってしまいます。「自分自身による」という領域をつくること、この「自分自身でやるんだ」という論理が、サービスやインフラ等を進めていくうえでの非常に大事な原理の基盤になるのです。

そこで重要なのはユーティリティ（有用性）です。有用性は文化によって異なるわけで、豚肉を食べることを宗教的に禁じているような地域では、豚肉が商品にならないことは、いうまでもありません。そうした文化における有用性をきちんとふまえていかないと、何がユーティリティ・

バリュー（有用価値）なのかも見えてきません。そして、この有用性が環境や民俗文化では大事だという次元では、実はユーズ（使う）の領域が、システムのうえで、また個人について問われているのです。

「使う」ということは、システムのうえでは、「税金の使用」とか「分配を受けたものからの使用」ということで、分配と市場化をめぐる問題となってきますが、そこへ環境の論理を入れていかないと、有用性や使用の領域は正しく組み立っていきません。建物や街づくりでも同じことがいえますが、多くの場合、いかにも環境の論理が入っているように見えて、実は入っていないのです。

なぜそうなるかというと、分配の原理を変えていかなければいけないというテーマがあるのに、それを無視して、ただ構造だけ変えればいい、あるいは別なモデルをもってくればいい、というふうになっているからです。そこには、分配のシステムをどう変えていくのかという設計を入れて関与していく必要があります。

個人についての有用性や使用には、ボランティアという形があります。この有用行為の本質は、個人が文化的な社会行動へどう関与していくのかということにあるといえるでしょう。

阪神・淡路大震災の時にいちばん最初に動いたのはボランティアでした。企業も行政もほとんど動けない状態のなかで、ボランティアがどんどん活動していきました。そうした文化的な社会行動を起こせるボランティア的なものが、「労働」を超えていく非常に大きなポイントになっています。

そうした意味から、NPO（民営非営利組織）をめぐる社会的使用のメカニズムの作動が、これからは法人格としても大事な位置を占めていくことになるでしょう。

公益性の観点から見たリーダーシップのあり方

すでに獲得した豊かさ、つまり文化化した豊かさを維持したり、拡大したり、その概念上の位置づけを上昇させていったり、さらにはいまだ社会化されていない可能性や多様性を開花させることに貢献する行為を「公益性」と呼ぶとすると、すっきりしてくると思います。

つまり、公益性を、先々へ向けてポジティブポイントを増やし、ネガティブポイントを減らしていく行為ととらえると、非常にアクティブなものになってくるということです。もっとわかりやすくいうと、「明日はすばらしい」と子どもたちが感じられるようなことにつながること、それを公益性ととらえればよいのではないかということです。

個人にとっての公益性もまた、同じコンセプトでとらえることができると思います。それまでの自分にさまざまな喜びや感動をもたらした技術を他者に伝え広めていく行為、それを公益性ととらえることができるでしょう。逆にいうと、悲しみや苦しみといった元気を阻害するものから個人を守っていく技術、あるいは乗り越える知恵を、自分のなかで大きくしていくとともに、それを他者に伝えて広めていく行為、というふうにとらえることもできると思います。

そうした観点からリーダーシップについて考えてみると、リーダーシップとはポジティブポイントを増やし、ネガティブポイントを減らすように方向づける行為だといえるでしょう。そのようにして、社会的生命力をもつようにマネジメントする行為を、リーダーシップと呼んでもいいのではないでしょうか。

リーダーシップは社会に対しても、自分に対しても、それをもっているという瞬間が誰にもあります。

その場合の個人のリーダーシップとは、自分をプラスに変化させる意志をもち、それを喜びとし、それはいいことだと他人に納得してもらうように成立させ、それをさらに前進させる自己マネジメント技術として、とらえられると思います。

組織体の領域でのリーダーシップでは、そうした意味で、プラスに変化させる意志の表明ということが、まず第一にあると思います。人間は類的な存在ですから、他者に表明されないとわからないということがあります。その表明したものを多数の者が共有でき、その表明したものを実現できる技術、そのように人間が類的に生息できる場所と生命力を与える行為をリーダーシップと呼ぶことができるのではないかと思います。

たとえば、規模を大きくしていくことで経営の体力が増すという考え方がある一方、分社化が盛んに行われるようにもなっています。管理できる人間の単位というのは、営業部隊は別として、スタッフを含めてせいぜい三〇人ぐらいが、社長なりリーダーなりの目の届く範囲であって、そのくらいにするのがいちばん効率的であるという考え方があるわけです。それが一〇〇〇人の会社ですと、コミュニケーションがきわめて複雑になってしまい、効率が悪くなってしまう。三〇人ならば一部屋に全員入れますし、社長が何かいえば全員に聞こえることになります。

そのように分社化された会社だから、たいした仕事はできない、ということはありません。スタッフがものすごく少ないにもかかわらず、大変バラエティに富んだ商品をつくっているところはたくさんあります。人数が少ないほど、アウトプットが大きいということもありうるわけです。それは単に効率がよいという意味だけではなく、社員にとってきわめてやりがいがある職場となっていくケースも多数あります。

異質な価値観をも包容できるリーダーシップ

リーダーシップは先端でも末端でもありえます。たとえば、ピラミッド型の組織にあって、頂点に近いところにいる人よりも、どこか別のところにいる人のほうがリーダーシップを発揮するようなケースも十分ありえます。

いずれにしろ、リーダーシップをもとうとする個人は、もつ以上は「自分はこう動くのだ」ということをはっきりと明示していかなければなりません。ただ日本はこれまで、そのへんを社会環境を調整する仕組みのなかで何となく処理してきたので、動きとしてはあまり明示されていません。ですから、本当の議論というのがなかなか起きないのです。それが言葉のぶつかり合いであれ、生き方のぶつかり合いであれ、やはり起こしていかなければいけないと思います。

そこで求められるのは、個人の倫理性、当人の生き方の倫理性だと思います。公益性をめざす以上、どうしても倫理的な動機づけがないといけません。それをどのような形で説明していくかは、かなり大きな問題です。単に倫理性をもてということでは江戸時代に戻ってしまうわけですから。

倫理性が大切だとはいっても、実際のリーダーシップには、非常に複雑でドロドロした要素もあることを、はっきり見据えなくてはなりません。そこで難しいのは、一面的な正しさだけを背負っては倫理性が成り立たないということです。単なるきれいごとではなく、悪の面というかネガティブな面をも、やはり背負っていかないと、実際的なリーダーシップは成り立たないでしょう。環境負荷のようなものをも引き受けていかないと、個のテクノロジーを発揮できないと思います。そのうえで、何を選択するかの意志決定をすることが大切です。

それはある意味では、マイナス要因を飛躍のテコにするメカニズムを、自分がどうつくれるかということでもあります。持続するためには、行為そのものを喜びに転化することができなければ続きません。それを義務とだけ考えると苦しいわけです。それを、もっといいものに変化させるための一つの手続きにできると、非常に面白い方法論になると思います。

いずれにしても、厳格な倫理主義的な組織をつくろうとすれば、かつてのスターリニズムやマッカーシズムのような、権力関係の組織作用がはじまってしまいます。それでは困るのですが、実はこうした方向は、かなり実際の企業のなかにも入り込んでしまっています。そういうやり方が、企業が秩序として安定するためには、安易で明快に結果が出る方法だからです。

そこを脱皮しないと、企業が活性化していくことはありません。異質な価値観、異質な人間を包容する。しかも、それは内部だけで包容するのではなくて、外部の存在についても包容していくことが重要です。

前にも紹介したマックス・デプリーがいう「人間を主体にする」ということも、以上のような意味でとらえることが大切です。この場合の人間とは、いわゆるヒューマニズムでいう人間一般ではありません。相互に信頼し合うことによって、リーダーと部下との間に一つの結びつきができて、それがリーダーを支えていく。そういう倫理的な関係が含まれたものだといってよいでしょう。

人間という抽象概念は、人にかかわるすべての物事をあいまいに、イデオロギー的に習慣化してしまいます。つまり、イデオロギー的に実際合理化してしまう力を非常に強くもっています。ですから、人間に代わる物質的な概念として、「芸術」とか「技術」とかを使いながら、そうならないような示し方をしていくことが必要です。

コーポレート・ガバナンスの本質的な指針

コーポレート・ガバナンスを支える三つの精神

コーポレート・ガバナンスは、規則や規範、ルールや行動綱領をつくり、従わせることだと考えられがちですが、そうではないでしょう。それでは官僚的管理システムになるだけで、コーポレート・ガバナンスではありません。

もちろん規則は必要です。しかし、企業は多様な実際行為を必要としますし、それは必ずしも規則の枠組みで統括すればよいものでないのは当然です。そうではなく、規則と実際行為の間でさまざまに変化するレギュレーション（調整）の位置こそが、コーポレート・ガバナンスの立脚地点でなくてはなりません。コーポレート・ガバナンスはまさしく、この領域にあって力を発揮するものなのです。

これまでの多くの企業は、この力についてはあまり自覚的ではありませんでした。一般的には無意識な作用としてあり、規則や規範による統治の面だけが意識化されてきたため、きわめて偏った形で進められてきたということができるでしょう。

そのように考えた時、コーポレート・ガバナンスの指針を立てるには、統治の精神の実際的な作用を自覚的にとらえていくことが重要となります。その際、統治と調整の精神を支えている根本原理を考えていくことが大切になります。その基本は西洋の古典古代の時代に形づくられたものですが、これからの時代のコーポレート・ガバナンスでは、このとらえ返しが大きな意味をもってきます。

古代ギリシャには、アレテイア、ポリテイア、エートスという三つの精神のあり方についての考え方がありました。アレテイアは真理を語っていく形式。ポリテイアは他者を統治していくうえでの構造と規則を述べること。エートスは道徳的な行動原理の規範となって生活スタイルの指針となるものです。(次ページ図4参照)

経営者がコーポレート・ガバナンスを考える時、無意識にこの三つのどこかに偏って考えられていることが多いと思います。たとえば、道徳的な規範をつくってそれを社員に与えるといった

図4

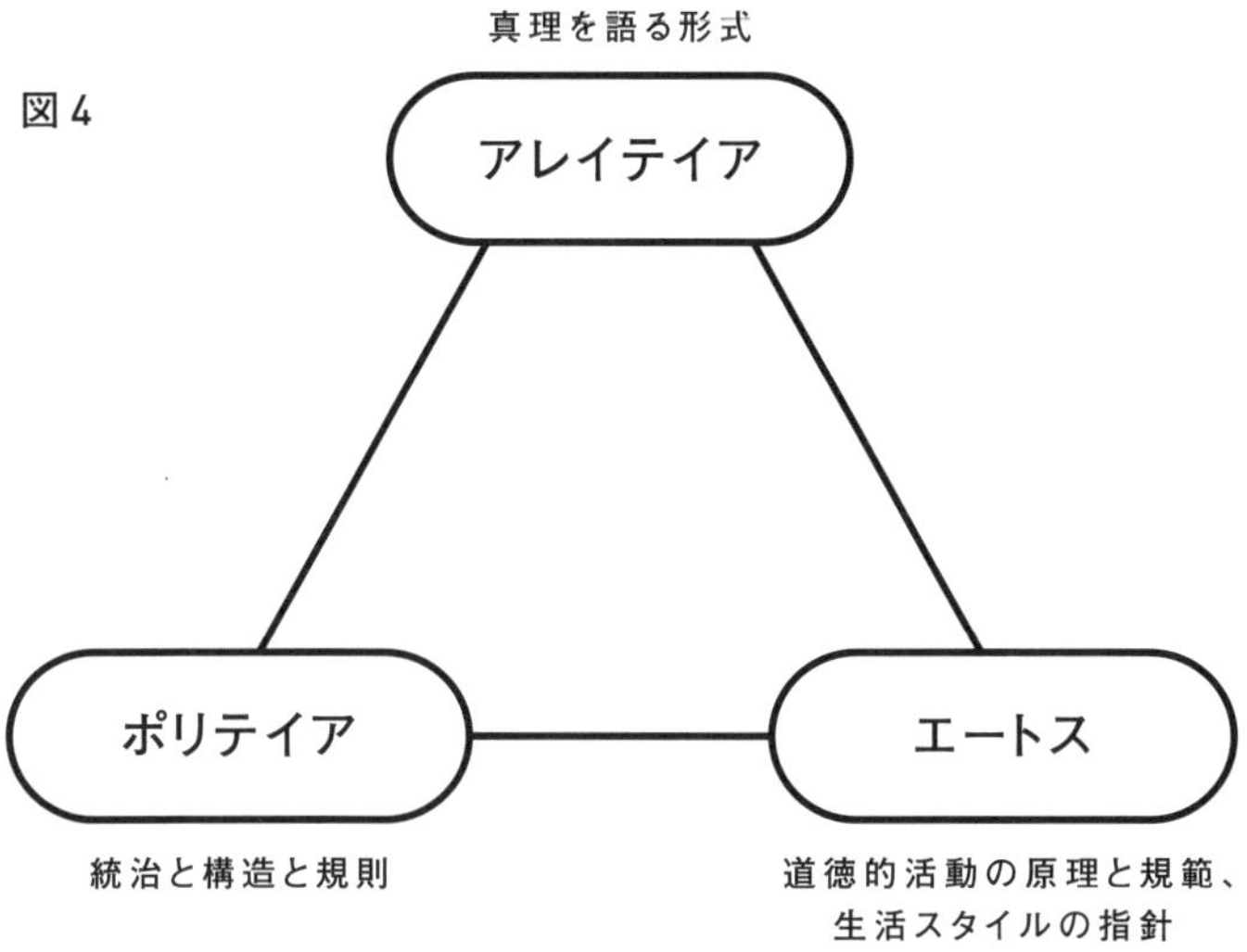
真理を語る形式
アレイテイア
ポリテイア
エートス
統治と構造と規則
道徳的活動の原理と規範、
生活スタイルの指針

図5

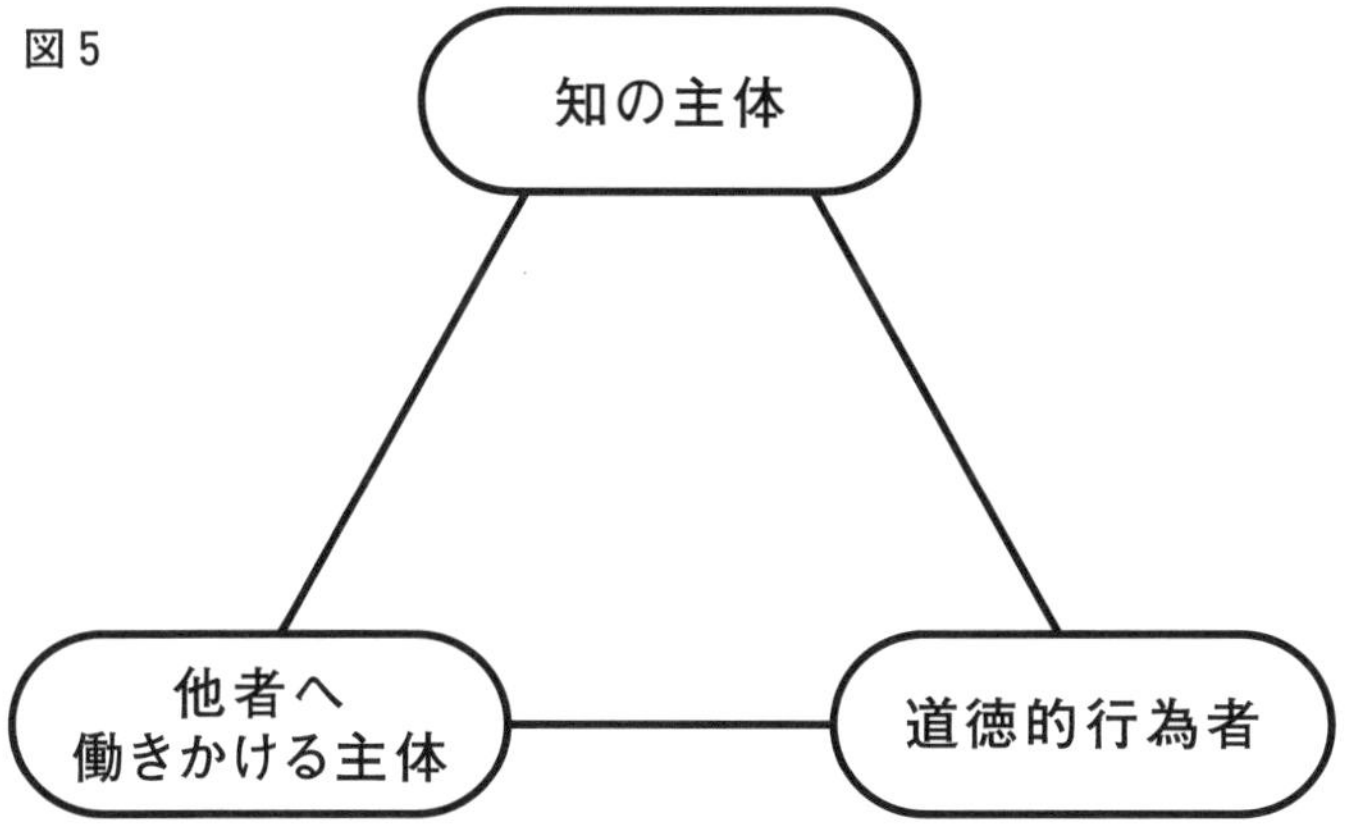
知の主体
他者へ
働きかける主体
道徳的行為者

場合、エートスに偏って、真理を語る形式や統治の構造と規則を見落として考えていることが多いと思います。また組織統制を考える場合には、ポリテイアに執着するあまり、真理を語る形式や道徳的な規範が見えなくなっている、といったことが起きていると思います。

しかし重要なことは、これら三つの精神のあり方の違いをふまえて、それらの関係をしっかりと組み立てることです。

これを自己の主体の形成という面から考えると、アレテイアが知の主体、ポリテイアは他者へ働きかける主体、エートスは道徳的行為者という主体となります。（前ページ図5参照）

教師の場合は、この三つを適度に混ぜ合わせながら、総体としての指導者として子どもたちに働きかけるようにしています。また世の中の先行きを語るなど、預言者的なスタンスをとる場合は、この三つを一つの方向へ統合して「世の中はこうなる」というふうに語っているわけです。専門技術者はこの三つを切り離してそれぞれ別個に扱います。

このように、それぞれの社会的なポジションによって、自己の主体の形成の仕方が異なってきますが、大切なことは、この三つをきちんと区別して相互にどう関係づけていくかにあります。

コーポレート・ガバナンスと三つの生産の関係

企業が行う経済的な活動では、資本の面ではこの三つにそれぞれ、文化資本、モノ資本、社会

図6

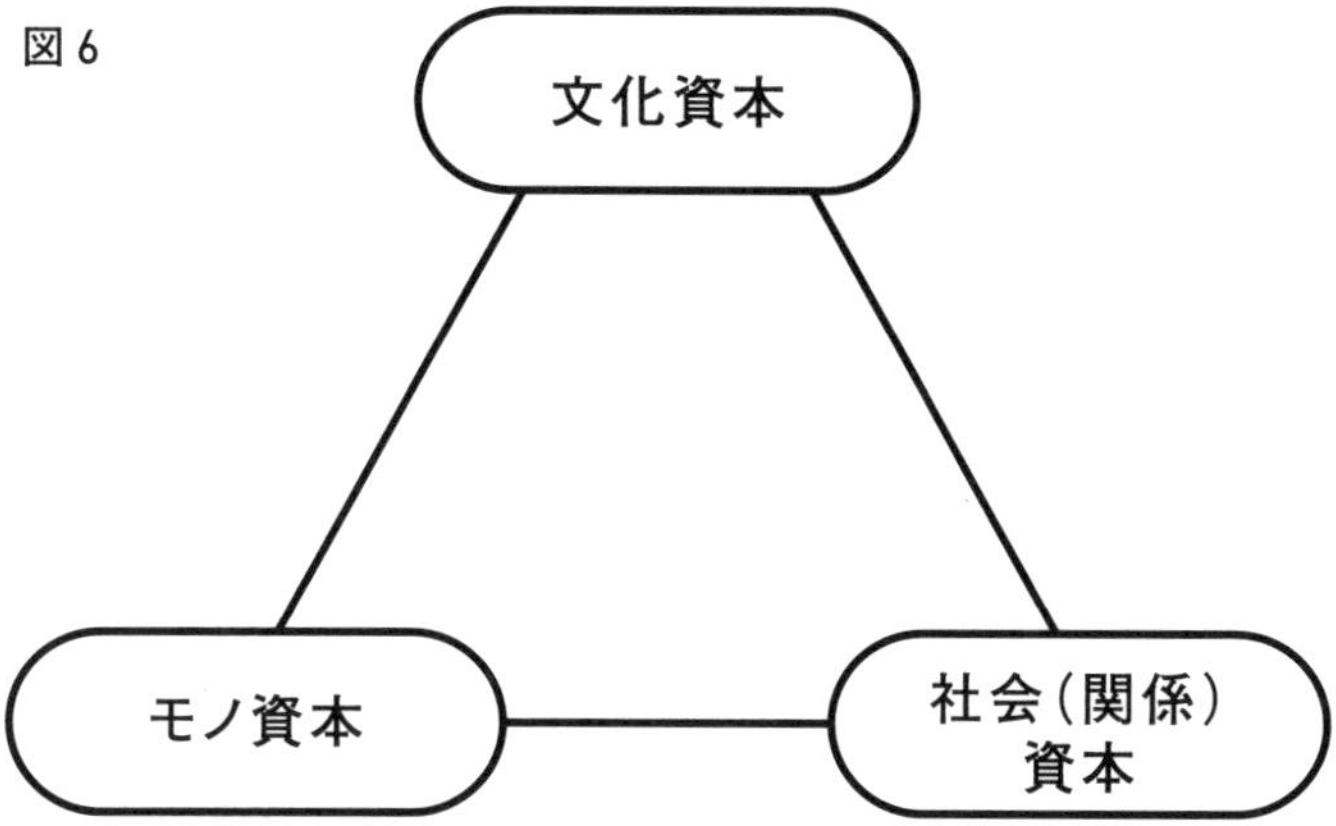

(関係)資本が対応していると考えられます。(図6参照)

たとえば、これまでの多くの企業では、他者へ働きかけるポリテイア的なものをモノ資本として動かすことによって、社会(関係)資本を無意識に働かせながら、しかし他方で文化資本を忘れていくというようなことがなされてきたように思います。

コーポレート・ガバナンスの組み立てでは、この三つの資本の関係を、知の主体、他者に働きかける主体、道徳的行為主体という三つの主体の関係と結びつけながら押さえていく必要があります。

これを生産とのかかわりでいうと、アレテイアの位置に想像生産が、ポリテイアの位置に経済生産が、エートスの位置に象徴生産がそれぞ

図 7

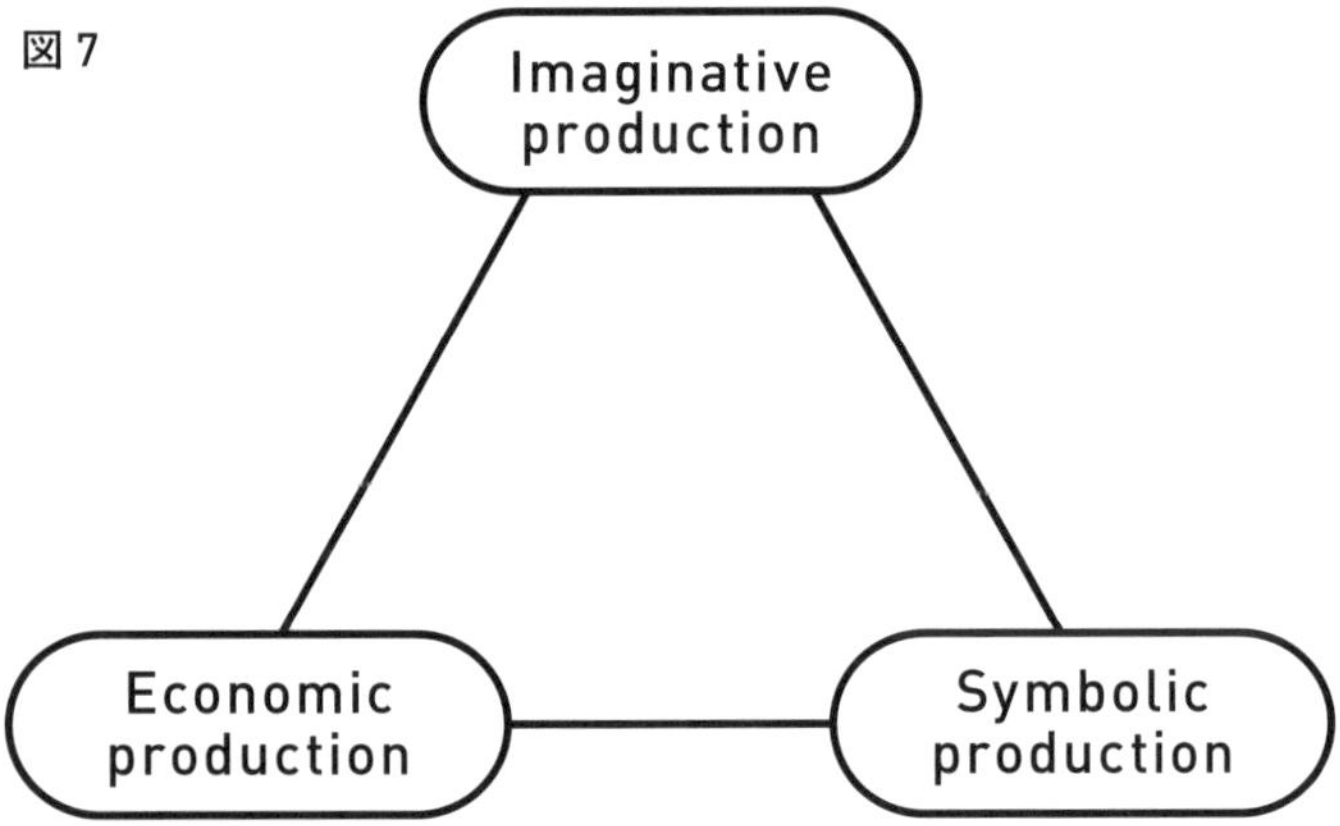
Imaginative production
Economic production
Symbolic production

図 8

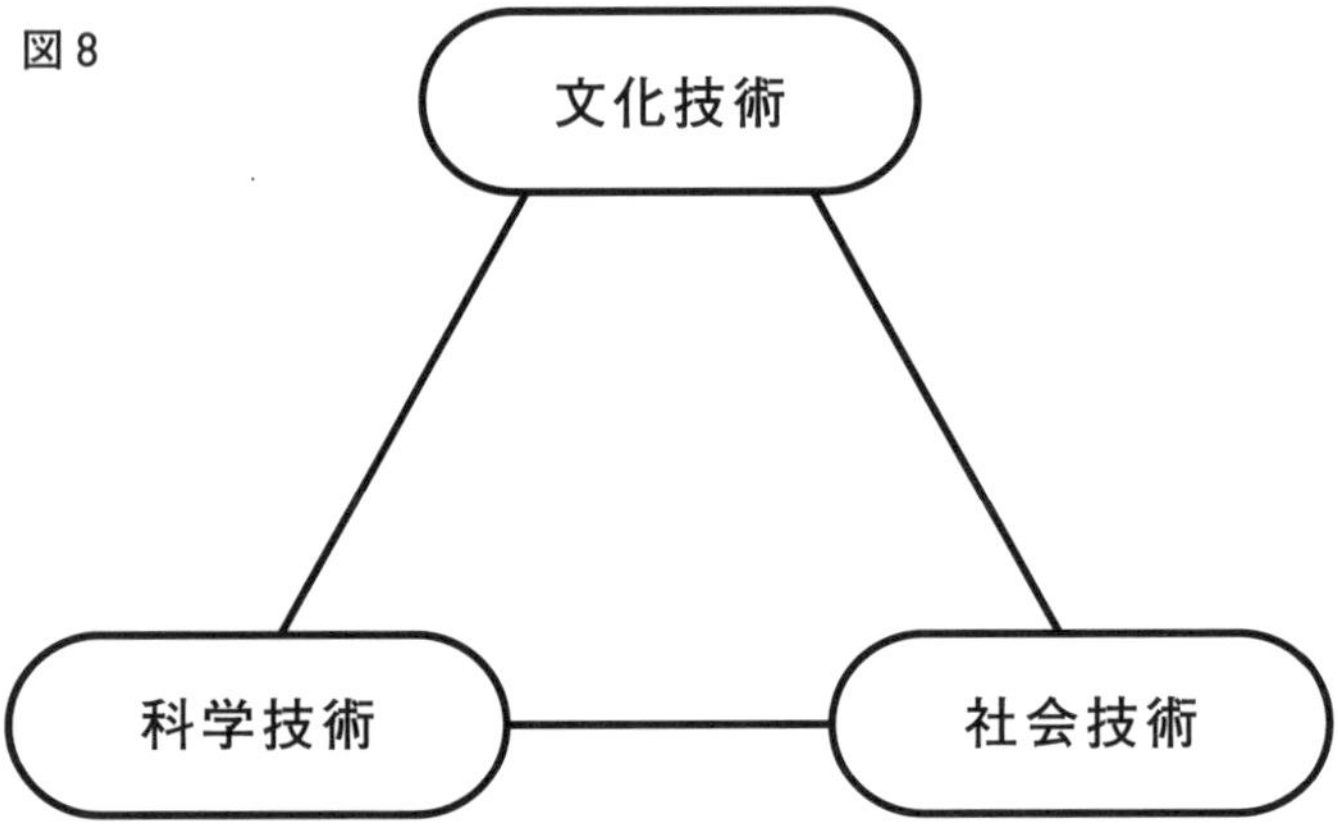
文化技術
科学技術
社会技術

れ対応します。（図7参照）

さらに技術としては、アレテイアの位置に文化技術、ポリテイアの位置に科学技術、エートスの位置に社会技術となります。（図8参照）

ここでもいままでは、科学技術と社会技術が中心となって文化技術が忘れられていく、ということが起きています。

それらの三つの形式のどれかに偏ることなく、それぞれの関係の総合性において、資本、生産、技術の新しい局面を切り開いていくのがコーポレート・ガバナンスです。

そして、これからの文化資本経営にとっては、特にアレテイアの系列、つまり知の主体、文化資本、想像生産、文化技術の系列をはっきりと射程に入れたうえで、他にかかわる関係を統治、運用していくことが、コーポレート・ガバナンスの重要なポイントになってきます。

以上をどのようにコーポレート・ガバナンスとして組み立てていくかによって、それぞれの企業が大きく特徴づけられるのだといえましょう。

これまでのコーポレート・ガバナンスという考え方のなかでは無意識的になされてきた物事を、ここで見てきたように根本原理から意識して組み立てていかなくてはなりません。そこでは、企業文化、企業風土との結合が非常に重要なテーマになってくるだろうと思います。

個性的であると同時に普遍的であるところに独自性が出てくる

企業という組織体にとって、いま述べたような新しいコーポレート・ガバナンスの考え方は、企業の最高経営者が表現している、という形で明確にする必要があります。

たとえば、その企業の最高経営者が真理を語る形式は、他の企業の最高経営者の語り方とは自ずから違ってくるはずです。それがどう違うのか、そこに個性的であると同時に真理の普遍性が表現されている、というようになっていなくてはなりません。

最高経営者が単に普遍的な真理を語るだけではなく、かといって個性的な語りに終始するのではなく、個性的であることによって普遍的であり、普遍的であることによって個性的であるという表現が生み出されたところで、はじめてその企業独自のガバナンスの指針表明たりうるといえるでしょう。それが真理を語る形式の獲得によって可能になることなのです。

最高経営者は、もちろん真理を語る形式ばかりでなく、役員会の組み立てや統治上の形式についても、またそれを進めていくうえでの道徳的な規範、生活スタイルまでを含めて、個性的であるとともに普遍的なものとして獲得していなくてはなりません。アレテイア、ポリテイア、エートスそれぞれの姿がどう表現されるかが、コーポレート・ガバナンスにとっては非常に重要な位置を占めるのです。

個性的であると同時に普遍的であるというと、かなり困難なことのように思われるかもしれませんが、この三つの相互関係を押さえてさえいれば、個別か普遍かという二者択一的な関係を超えられると思います。

たとえば、経営者が美をどう表現するかというテーマに立った場合は、アレテイアの系列に重点を置くか、ポリテイアの系列に重点を置くか、エートスの系列に重点を置くかを見定めて、表現の仕方を考えていけばよいのです。経営者に限らず、政治家であっても技術者であっても、この三つのどういう関係性で美を表現するかによって、表現される姿が変わってくるはずです。

コーポレート・ガバナンスと文化生産

文化的なものと経済的なものとを非分離に関連づける

コーポレート・ガバナンスを考えていくうえでも、文化的なものと経済的なものとを混同するのではなく区別しなくてはなりませんが、そこでは二つを切り離すのではなく、非分離で関連づけるやり方をしなくてはなりません。

すでに繰り返し述べてきたことですが、この非分離の関連づけは文化資本経営上の必須の課題でもあります。たとえば、新しい商品開発にとっても必ず射程に入れて考えていかなくてはならないものです。

この非分離の関連づけは、人間にとってきわめて原始的な意識の欲求に基づくもので、この欲求を解放していくことが、これからの事業ではめざされていかなくてはなりません。

これが原始的なものであるという点では、子どもたちのあり方は大きなヒントになってきます。子どもたちは自分と社会をまだ分離していないからです。だからこそ成り立つ商売があることに注目すべきでしょう。

たとえ売る側に哲学がなくとも、買う側の面白さのなかに遊びという原始的な哲学が入っているのではないか、ということです。

たとえば、ポケモン（ポケットモンスター）というキャラクタービジネスの成功は、あらゆる面で商売に徹することによるものといわれますが、必ずしも「あざといやり方だ」とはいい切れないものがあります。

ポケモンがなぜ成功したのか。それは、対象としての子どもたちが、いまだ個人的な喜びと社会的な喜びとが分離していない存在であるところに、秘密があるように思います。

子どもたちには、面白さのなかに健康が宿っているわけです。大人たちの商業戦略のなかに、この健康を効果的に刺激するところがあったため、子どもたちは喜んで商品を買ったのではないでしょうか。「あざといやり方だ」とはいい切れない理由がそこにあると思います。

もう少し分離が進んだ大人の年齢を対象にして同じ方法をやると、実にあざといことになってしまいます。なぜならば、そこではどうしても、分離を非分離と錯覚させる商業展開となってしまうからです。

ですから、大人に対しては、あえて分離しなくてもすむ世界性を構成することが必要となります。それで成功しているのが、たとえばＦ１でしょう。

そのように、ある枠組みにある対象にそのまま働きかけるのではなく、対象を包み込む包容力を大きくすれば、非常に大きなマーケットが成立する可能性があります。分離してしまった大人の分離しきれないところをすくいとるような、大きな楽しみがある商売がこれからはますます成立するようになっていくと思います。

社員のやる気は知の主体としての深みから起きる

文化資本経営をめざす経営者にとって、上に立つ者としての理想的な姿は、非常に知的好奇心が強いこと、他者への働きかけに人間的な魅力のあること、道徳的なところでは、非常に美的、芸術的なものを生活スタイルの指針のようにしていること、といってよいでしょう。

この三つがうまく企業固有のガバナンスの指針として機能していけば最高です。

たとえば、ともするとエートスの系列にある事柄は他の個人への道徳的な面へ押しつけられていくことになりがちですが、それが美的、芸術的なところで動いていれば、そうはならないわけです。

また、よく「うちの社員には闘争心が欠けている」というういい方をする経営者がいます。実際、そういわざるをえないケースがしばしばあるのでしょう。そうしたところでは、問題はしばしば、どう教育したらいいかという社会(関係)資本の問題、あるいは道徳的行為者としてどうあるべきかという問題として対処することになっていると思います。

確かに、そうしたところで変えていかなくてはならない問題があるとは思います。しかしながら、この問題は実は知の主体、文化資本の問題なのです。なぜ個人の闘争心を高めるのがアレテイアの系列に位置する文化資本の問題かというと、ある物事をやり抜こうとした時に知の主体がしっかりしていないと、意識がどこかで切り替わってしまったり、別なものと結びついてしまったりということが、無意識のうちに起こりがちだからです。

闘争心とかやる気とかは、やはり「これだ」という意識の深度にかかわってきます。この意識の深度をつくるのが、知の主体としての働きであり、文化資本の働きなのです。経営者はそうした角度から、社員の闘争心の欠如への対応を考えていくべきだと思います。

経済・文化・社会の関係の再検討

ここで、コーポレート・ガバナンスについてこれまで述べたことを整理する意味で、経済と文化と社会の関係に再び触れておきたいと思います。

経済が生産の場だとすれば、文化はそれに対する分配にかかわる場であるはずです。にもかかわらず、経済によって生産されたモノを分配するのだという形で、分配が生産に従属する形になってしまっているのが現状です。そういうところでは、文化はどうしても粗雑なものとなるしかありません。

そうではなく、まず「どんな社会をつくっていくか」という分配の世界が最初にあって、その世界のなかで文化をきちんと生産していくようにならなくてはなりません。そして、そうして生産された文化が経済のモノづくりのメカニズムに大きな刺激を与えていく、という関係こそ、相互の生産を本当の意味で質的に高めることになっていくのだといえます。こういう生産の形は、いまだにほとんど生み出されていない状態だといってよいでしょう。

はっきりとこうした形が出現してはいないにせよ、経済的にばかりではなく、文化的にも成功したといわれる事業は、そこを上手にやってきたのだと思います。

多くの企業が、これまでの分配のあり方を変えるメカニズムをつくっていくことになれば、新しい文化生産のメカニズムができます。特に日本の代表的な企業には、そうしたメカニズムを率先して取り入れ、他の企業にも影響を与えていくということをやっていっていただきたいと思います。これまでのように、余剰金を文化に回す、余剰金がなければ回さないといったやり方では、経済の衰弱にともなって文化も衰弱していくしかないでしょう。

そうではなく、豊かな文化生産があってこそ豊かな経済生産も成り立つという時代に入っていること、そうした生産メカニズムへの転換によって経済の活性化が可能となることに気づかなくてはなりません。

伝説と神話を生み出せる企業に

豊かな文化生産をめざす文化資本経営では、これまで述べてきたコーポレート・ガバナンスの意味をふまえ、そうした新しい時代にふさわしい人材の確保と養成を徹底して追求していくことが肝心です。

文化資本経営が新しい人材を積極的に使うには、一つには行動の領域に新しい場をつくっていくことが重要です。そこは、一般の人々に語り継がれるような「伝説」を創造する場であり、文化資本経営をめざす経営者は、そういう場づくりを積極的にマネジメントしていくことが大切です。

どういうことかというと、多くの人々がそこで起きたことを共有したいという思いや行為を生み出していくということです。常に多くの人々が集まるところには、必ず「伝説」とか「神話」のようなものが発生しています。そういうものが自然に発生する場をつくること、それが文化資本経営ではきわめて大切なポイントになると思います。

これまで、ある種「伝説」や「神話」のようなものを一定程度生み出してきた企業の経営者を思い浮かべると、どなたも実に個性的で普遍性のあるガバナンスの指針をもった方たちだといえるように思います。

これからは、どの企業でも、そういうことをやれる経済的な基盤づくりやプログラムづくりを、より緻密に進めていかなくてはならなくなっていくでしょう。それができる拠点と場をつくること、まずはそれではないかと思います。

補章

文化資本経営の理論

近代から超近代への流れ

医療を施せば施すほど副作用が出てくる――逆生産の時代

一九五〇～六〇年代に耐久消費財の普及率が五〇パーセントを超えた段階で、目標に立てたことと逆の結果がもたらされるという事態が引き起こされるようになりました。これを「逆生産性の発生」といってよいでしょう。

この時代、高速道路による物流が中心となり、一九七〇年代半ばから半導体や超電導子が具体的な商品のなかに入っていき、政治的には社会主義が崩壊しました。こうしたことは、逆生産性と同時に進行してきたといえます。

逆生産性の働きは、サービス領域で見るとわかりやすいと思います。たとえば、医療サービスの面でいいますと、処置を施せば施すほど、病気を治すのとは逆に副作用が出てくる、という事態です。教育でいうならば、学校教育をやればやるほど、子どもの不能現象、たとえば自分で考える力をなくしていくなどの現象が起きてしまう、ということです。

これらのことは、目的に反する結果がすでに制度のなかに組み込まれていることを物語っています。こうしたメカニズムが生産や流通の領域にも内在していて、そのために逆生産が起きているのです。

逆生産はひどくなる一方で、環境汚染、さらには生態系破壊や地球破壊といった、逆生産を超えた反生産にまで至ろうとしています。それに対して、地球と場所の関係をいっそう深く問い直し、社会が複合経済生産への方向性を自覚しつつあるのが現在ではないかと思われます。

産業都市化――モノ、サービス、場所が均質化していく流れ

耐久消費財が普及していく流れは、もう一方では、

モノが均質化し、サービスが均一化し、場所が均質化していく流れでした。そのため、共同体的な閉鎖空間が開放されて経済的な均質空間が生まれ、それが社会化されて産業都市化が行われました。その次にやってきているのが空間の多様化への動きであり、これからは、しだいにその実現の方向へ向かっていくのではないかと予測されます。

たとえば東京の銀座を例にとると、共同体的な閉鎖空間が開放されていく過程で、日本各地にいろいろな銀座を名乗る空間が生まれるようになりました。そして次に、経済的な均質空間が社会化されていくなかで、あるいはさらに空間の多様化が進むなかで、これらの銀座がまたどんどん消えていくことになったわけです。

商業都市の浮き沈みは、このようにモノや空間の均質化とともに進行していったのではないかと思います。

そしていま、モノ商品自体が限界性をふまえた多元的なものとして、伝統的なモノと先端的なモノとの間で生み出されはじめています。また、サービス商品がより高いレベルで文化資本として働いていく次元が生まれてきています。これからは、ますます場所環境の多様な性格をふまえた活性化がポイントになっていくでしょう。

こうした流れを受けていま、地球の歴史や空間のあり方を、そしてあらゆる生命のあり方を問題にすることが必要になってきていると思います。もちろんこれは、文化資本経営にとっての大きなテーマでもあります。

近代を超えた先に「人間」「社会」「家庭」の変容が起きる

文化資本経営にとって最も重要な時代認識は、私たちはいま近代から超近代への飛躍の時代、そのまっただなかにいる、ということです。そして、飛躍した先の超近代をどのようにイメージして経営戦略を立てるか、ということが問題です。

超近代への飛躍の過程には、現象面での大きな変容が起きることが予測されます。

たとえば、サービス化された社会空間が不能化するでしょう。どういうことかというと、社会空間のサービス化によって、いろいろと便利になっていったわけですが、それは一方では人々の自律性をうばうようにも働いてきました。こうして社会生活の他律化が進んだ結果、逆にいまでは社会的機能が低下していくという現象が生まれつつあります。

企業の状況でいえば、成長期はモノをつくっていくことそれ自体が夢や理想、幻想であり、企業はとても元気だったと思うのですが、いまは企業も社員の人たちも元気がなくなってきています。こうして、サービス化された社会が不能化し無能化する、といった事態がいろいろな状況のなかで生み出されていくでしょうから、そこから再び新たな自律性が生み出されていこうとする方向性がまた高まっていくでしょう。

さらに、そうした動きのなかで制度化された価値の崩壊が起きるでしょう。学歴という価値の崩壊、優良企業という価値の崩壊など、階層序列化されたものをめぐる価値の崩壊が確実にはじまっていきます。

それらの価値が崩壊した時、「人間」「社会」「家庭」という三つの大きな概念も消滅することになるでしょう。いずれについても、それらの既存概念が変更をせまられて消滅するということです。男女を中性化した「人間」という概念が消滅する。市民社会としてどの場所も均一であるべきだったものが、地域ごとの固有性が登場してくることによって「社会」という概念が消滅する。離婚や非婚など、男女の愛の形態が変わってくることによって「家庭」の概念が消滅する。そういうことになっていくでしょう。

こうして制度化された価値が消滅すると、同時に個人の成熟がいろいろな段階で用意されてくるでしょう。たとえば、中性的・抽象的な「人間」に代わるジェンダー(具体的な男女)と多様な実際性をもった状態への成熟。抽象的な「社会」に代わる具体的な場所ごとの諸関係を組み上げる成熟。「家庭」に代わる愛と対的関係に基づいた行動への成熟。そのように諸個人の成熟を生み出す、新しい現象が次々に起きてくると思います。

近代が生み出した「人間は働き、生き、語る存在である」というこれまでの「人間」の位置づけが、地球と場所を結ぶ生命の位置に変わってくるのです。そこでは、地球が主語で、場所が述語的な意志をもち、生命がその関係づけを行う、という形になっていきます。それは、動物や植物との共存を含んで、生命として男女や人の問題を考えることでもあります。そうした方向に向かう変容現象は、すでにあちこちで起きつつあるといってよいでしょう。

自己・関係・空間をめぐる文化資本の内容が大きく変わる

こうした変容の現象が起きるとともに、文化資本の構造が変わり、技術開発のあり方が変わっていきます。

これまでの文化資本は主に、身体化、制度化、財産化の形をとってきました。

①身体化された文化資本――動作や習慣など
②制度化された文化資本――学歴や資格など
③財産化された文化資本――図書館や美術館に蓄積されたものなど

なぜこのような形をとってきたかというと、自己を他と厳然と区別する近代的なアイデンティティ確立のためです。しかし近代が超えられていくと、こうした文化資本の内容が変わってきます。その変化はまず、文化資本が次の三つの領域へずれていく、ということです。

①自己資本――自分自身の行為や想像力の領域
②関係資本――コミュニケーションの違いを組み立てる領域
③空間資本――場所の領域

これまでのように、自己は自己であるというアイデンティティ確立の位置ではなく、そこから微妙にずれていく非連続的な動きに変わっていきます。現在ではすでに、そういう方向への変化が起きていると思います。

なお③の場所とは、ここでは「各部分に分割してとらえることでは意味を失う、トータルな全体として個性をもって現実に存在している空間」と考えておけばいいでしょう。

この三つの文化資本の位置の変化は、同時に、次のように技術のあり方を変える方向性を生み出していきます。

①自己の自己に対する技術――エゴを超えていくこと

②自他関係の技術――医者のいうことを優先するとか、子どもが学ぶことよりも教師の授業が優先するとか、社員が活動するよりも上司の命令を優先する、といった他律優先を超えていくこと

③空間の技術――内部に閉じられて完結したシステムを超えていくこと

これらのことが、文化資本の新たな地盤をつくり出していくことになるでしょう。

産業的な文化資本は、科学技術を基盤にしながら、経済市場を切り開いてきました。いま、この産業的な文化資本を支えてきた地盤に根本的な変化がもたらされており、新たなところへの飛躍が起きようとしているのです。この移行の時に、文化経済市場が切り開かれ、社会技術の転換がもたらされるでしょう。

これまでの技術は、各人が平等という自由原理を建前とする市民社会技術ですが、実際には平等というよりは各人の均一化を生み出しています。そうした技術に代わって、社会環境の違いに応じた個々人の存立の仕方を可能にする、社会環境技術への転換がなされるでしょう。そこに文化経済の市場がつくり出されていきます。

こうした動きが、新たな文化技術の地盤を用意していき、本格的に地球と生命へ向けた開発が進んでいくと予想されます。

多くの日本企業が現在置かれているのは、まさし

くそこへ向かっていこうとする位置にほかなりません。しかし、それをはっきり意識化している企業は、まだ多いようには見えません。

新たな文化市場を制するための企業改革

知・アート・習俗の三大市場はどう変容するか

文化資本が変わるとともに文化市場も大きく変化していきます。

文化市場には、知の市場、アートの市場、そして生活の実際にかかわる習俗の市場、という三つの市場があります。これらの文化市場は、超近代において、どのような変容をとげるのでしょうか。以下に簡単に整理しておきたいと思います。

①知の市場――個別専門的な知に代わって超領域的な知がつくられていく

②アートの市場――個々人の個人演出的な意識に代わって、感性や想像力で空間が変容される創作活動が起きてくる

③習俗の市場――サブカルチャー的なものから、個別の習俗性を横断的に超えた新たな習俗性をもったものになっていく

これまで、知やアートや習俗の領域は、さまざまにジャンル化され、個別化されたり専門化されていた状態にありました。これからは、知もアートも習俗も、個別専門化の枠組みを突破し、それぞれ関係性として空間化されていく動きになってくるでしょう。いいかえれば、モノや行為が置かれる空間全体の問題になってくる、ということです。

文化経済市場は量的拡大ではなく微分的な形で切り開かれる

これからは文化市場が経済市場と結合し、文化経済市場として切り開かれていきます。そうなってく

ると、文化資本をより高めていくための文化技術をどう開発していくかというテーマがとても重要になってきます。文化技術開発の場には、身体空間と居住空間と場所空間があります。そこでは、次のような方向性で技術開発が行われることになるでしょう。

①身体空間――自己の開発。自分自身の文化資本を開発していく

②居住空間――関係の開発。一対一のコミュニケーションの文化資本を緻密化していく

③場所空間――場所のもつ文化資本の濃度を高めていく

再びいえば、文化技術開発とは文化資本を高めることです。それは、システム的にアウトプットの生産性を高めることから、それぞれが個的な異質な創造能力を他者との関係のなかでともに生き生きと発揮していくことへの転換です。言葉をかえると、プロダクティビティ(生産的であること)からコンビビアリティ(協働的であること)へと文化資本が高まり転換していくことだといえるでしょう。

文化経済市場は、身体空間と居住空間と場所空間の開発から切り開かれます。しかし、それらの量的な拡大によってではなく、微分的な形で切り開かれるところに大きな特徴があります。そこでは、これまでのような占有空間の個別的な開発ではなく、より実際的・具体的な生活のために、領有空間の開発が行われていくことになります。

ここでいう領有空間とは、占有空間とは異なる「さまざまな共存を可能とする共有の場」といった空間を意味しています。いわば私有地に対する共有の広場のようなものです。そこでは、そこを使い、用いる人たちの実際的な行為によって多様な意味づけが可能にされるわけです。

この領有空間の開発のために領有設計が必要となります。領有設計とは、場所環境のなかで異質な相反するものを共存させる設計であり、また境界の設計です。

たとえば化粧品でいうと、肌という身体と環境との境界を設計していくことなどにあたります。それ

はまた、文化と経済という相反するものを日本や欧米やアジアの諸都市で並立できるように組み立てていくことでもあり、具体的には、領有設計に基づいて街並みの美空間を設計したり、アジア的な場所を尊重した文化空間を設計することになっていくでしょう。

トップのビジョンとすべての社員意識を文化資本化する

文化資本経営は、以上のような超近代への飛躍が生み出すさまざまな課題を背負っています。そこで、経営者はそれらのことを押さえながら、文化資本経営のための文化技術を考えていかなくてはなりません。

まず第一には、文化資本経営にたずさわるメンバーを、その役職上の位置を問わず文化資本化することです。以下がその要点となります。

①経営トップのビジョンの文化資本化——象徴資本（信頼や権威にかかわる目に見えない象徴的なレベルでの資本）の確定と地球ビジョンの形成を会社の指針として明確に表明すること

②トップ・マネジメントの文化資本化——年齢階層序列にこだわらず、高い文化資本形成能力をもつ者の登用などが大きなポイントになる

③各部門の実践リーダーの文化資本化——現実課題をその本質からビジョン化していくことによって、企業活動現場の現実関係を変容する力が求められる

④社員の意識の文化資本化——それぞれの社員が個的な創造力や想像力を発揮できる場が設定されること

企業体を文化資本化する過程

次に文化資本経営企業の経営者がやらなくてはならないことは、企業体をトータルに文化資本化していくことです。

そのポイントは、文化資本とのかかわりのなかで、

企業体を新たに象徴資本化、社会資本化、経済資本化していくことです。以下にその要点を押さえておきましょう。

企業体を象徴資本化するためのポイント

①二一世紀の地球ビジョンを組み立てること
②経済生産と環境生産の結合様式を形成すること
③経済生産と文化生産の自社的な結合様式を形成すること。その際、企業の外部から取り入れていく知のレベルを高度化していき、マスコミ普及の低レベルにとらわれないこと
④空間を場所と地球の直接性の場として演出すること
⑤都市と農村という区分を克服し、相互の関係システムを設立すること。たとえば、チェインストア・システムなど、都市と農村の分離に基づいたシステムに代わる非分離の関係システムを構築すること

企業体を社会資本化、社会技術化するためのポイント

①自社ビルを社会空間化し社会に開かれたものとすること
②情報ウェッブを組み立て情報発信を行い、多様で異質な存在の交流を図ること
③世界空間を牽引するものとして、アジアと欧米の相反する存在が同時に演出されること
④社員のあり方を「市民社会的社員」から「社会環境的社員」へと転化し、場所と地球の関係を自覚した企業活動の担い手としていくこと
⑤個人の役割を厳密化する「労働」システムに代わり、曖昧なところまで含めたコミュニケーションを生み出す「元気なアクション」をつくり出していくこと

企業体を経済資本化するためのポイント

①価値生産を多元化していくこと
②限定経済の展望をもつこと。つまり、無限成長

が不可能であることを自覚して、限られた現実の環境への取り組みを行うこと

③モノを独占的に所有する占有経済から、場所を空間的に使う領有経済へ転換すること

以上について、特に注意しなくてはならないことがあります。

それは、社会資本化、社会技術化というレベルと、象徴資本化というレベルを混同してしまってはならない、ということです。混同してしまうと文化資本が曖昧になってしまうからです。

たとえば、「象徴資本化するためのポイント④」の「空間を場所と地球の直接性の場として演出すること」でいえば、これを社会資本化、社会技術化の観点から考えて評価すると、単なる空想的なユートピアンの遊びにしか見えなくなってしまいます。これでは、本当に魅力ある文化資本を組み立てていく必要がないとされてしまいます。

つまり、企業が社会的にやっていかなければならないことと、象徴的にやっていかなければならない、ということを、しっかりと区分していかなくてはならない、ということです。そのうえで文化資本を組み立てていき、それを経済資本が実際的に支えていくようにしなくてはなりません。

文化を創造できる想像力豊かな経営とは何か

未分化なものを非分離なものへ設計する想像的な生産

文化資本経営では、文化資本が活動して効果的に文化生産をしていくための、さまざまな動きを考えなくてはなりません。その場合の最も基本的な課題が、文化を創造することのできる想像力豊かな経営の確立です。

そこではまず、何よりも全国市場を領有場へと考

え直し、その中に多様で具体的な環境や場所を置き、空間をどのように演出し、知識をどのように形成し、倫理をいかに働かせていくかということになります。

そのためには当然ながら、象徴生産と経済生産を結合させていかなくてはなりません。それができなければ、現実の企業活動は展開不可能となってしまうでしょう。

この二つのレベルの生産をつなげるために必要となるのが、想像生産です。前項で整理しました社員や企業体を文化資本化していくという課題は、さらにこの想像生産を念頭に置きながら考え、かつ実行していただきたいと思います。

想像生産とは、前にも述べたように、経営トップのビジョンの文化資本化であり、象徴資本の確定と地球ビジョンの形成です。

経済生産とはいうまでもなく、商品をモノとしてつくりあげていくことになります。

経済生産はモノを分離していく生産ですが、それに対して象徴生産は分離されたものを一つに統合していく生産です。それでは想像生産とはどんなものなのでしょうか。ともすれば、トップが語る象徴力をもったものが、経済的な現場でなかなか理解されないことが起きますが、その間を結ぶのが想像生産だといえばわかりやすいと思います。

これを理論的にいうと、未分化を分離するのが経済的な生産であり、統合するのが象徴的な生産であり、それに対して未分化なものを非分離なものへ設計するのが想像的な生産だということになります。

想像生産をしていこうとすると、どれを分離すればいいのか、どれを非分離にすればいいのかをめぐって、さまざまな葛藤が必ず起きます。たとえば、いったいどれが経済でどれが文化なのか、どれが市場でどれが非市場なのか、どれが経済でどれが非経済なのか――そうした分離と非分離をめぐる葛藤が起きます。これらの葛藤をよく考えてみると、それが実は文化を生み出そうとする葛藤であることに気がつかれるでしょう。

私たちは無意識のうちに、そうした葛藤を自分自身の内面や外の世界で起こしながら文化を生み出してきているのです。すでに文化資本経営を進めている企業の文化生産の現場では、このように想像生産を軸にしながら、経済生産や象徴生産がなされているのではないかと思います。

経済生産は経済価値を生産し、象徴生産は文化生産システムを生産し、想像生産は美意識を生産します。誤解を恐れずにいえば、「いかに経済価値を生むか」と「いかに文化価値を生むか」を結びつける「いかに美しさの価値を生むか」というレベルがあり、そのレベルでの活動が想像生産なのだといえましょう。

すべてが経済になる状態に向かっている

これまでは一般に、文化は文化、経済は経済と別個のもののように考えられてきました。しかしながら、歴史的にも現在的にも、文化のいろいろなあり方や関係を見ていきますと、そのなかに経済の論理や法則が入り込んでいることに気づきます。

つまり、文化と経済は別個のものではなく、文化のなかに経済が包み込まれてある、ということがわかってきます。そこから、従来経済といわれていた領域は何ら普遍的に存在するものではなく、実はきわめて特殊な領域であり、本来の資本や市場は経済に限定されることのない多様な要素を含んでいる、ということがわかってきます。

そして、さらにいまの現実世界を突っ込んでみていくと、それら多様な要素のすべてが経済化されていく方向へと流れている様子が見えてきます。そうなると、もはや経済は経済として自覚されなくなり、あらゆる面に経済がいきわたった世界をはっきりと想定することができるでしょう。

このような、すべてが経済化されていく流れは、しばしば否定的にとらえられてきました。しかしながら、それはこれまでの産業主義を超えて、経済の新しい領域へと向かう流れだと積極的に肯定していく視点が重要です。

なぜならば、このようにすべてが経済になっていく流れのなかでこそ、私たちはしだいに文化資本や象徴資本が中心的に活躍するようになっていくイメージをもつことができるからです。

こうしたイメージは、経済の進歩と発展のなかで、経済を経済としてとりたてて意識する必要がなくなってきたために、よりはっきりともつことができるようになりました。

その意味でいえば、すべてが経済となっていく流れは、文化と別個にではなくかつてのように一緒にあったような経済本来のあり方、さらには人類本来のあり方を、もう一度別な形で回復していく流れでもあると思います。

それは、本来の意味でのエコノミーが回復されていく流れだといえます。かといって、それは過去に戻るわけではなく、本来の原質がより重視されてくるということを意味しています。

そういう流れのなかで、前にも述べたようにエコノミーという概念にかかわるもの、たとえばこれまでの家族などの概念が消滅していくことになるのです。エコノミーという言葉のもとは、ギリシャ語のオイコノミアですが、これは「家政」を意味し、広い意味での家族の運営にべっとりと貼りついた概念でした。しかしこれからのエコノミー概念は、そうしたレベルから解き放たれ、地球レベルでエコノミーが営まれていく可能性が出てきたわけです。

そうした可能性へ向かっている現在、創造的な生産、想像力豊かな文化創造力が大きくクローズアップされているのです。

社会ビジョンから立ち上がる経営

資本が独り歩きをする時代

先に1章で、経済資本・文化資本・環境資本が調和した複合経済という新たな水準が生まれようとしていることを述べました。バブル経済期を経て、人間や社会から遊離した経済資本の身勝手な動きが厳しく問われるようになったいま、複合経済というテーマは、いよいよすべての企業が真剣に取り組まなくてはならないものになってきました。

ところが、実際には逆に、経済資本の圧倒的優位性がますます進行していっているように見えます。確かに、経済資本は企業や国の枠組を超えて独り歩きをはじめ、多くの部分でコントロールのきかない状態に陥っているといっていいでしょう。

イギリスの生物学者のリチャード・ドーキンスは『利己的な遺伝子』（紀伊國屋書店刊）という本で、ミームという自己複製子の概念を説明しています。そこでドーキンスは、「ミームが人間を道具にして歩いている」あるいは「生物はミームの乗り物にすぎない」といいます。それと同じように、そもそも資本というものにもミームがあって、企業はその乗り物にすぎないということなのでしょうか。

だとすれば、そうした状況は放っておいてよいものなのか、あるいは放っておけばそうなってしまうものなのか、そういう状況が好ましくないとすれば、どのような対抗法があるのか、ということを考えなくてはなりません。

これからは、たとえばアメリカなどのように、短期の高配当を求める株主が五〇パーセントを超えるといった事態が、グローバリゼーションの流れから日本企業にも出てくることが予測されます。そうなると当然、彼らは彼らなりの目的から、事業内容や役員構成に関与してくるでしょう。

企業は、そうした株主にくちばしを入れさせない主体性をもつべきなのでしょうか。それとも、そんな主体性はどうでもいいから、配当をもっとよくしろという要求に応えていくことが、企業本来のあるべき姿なのでしょうか。

いずれにしても、自由市場における資本は、より高い利益の獲得を目標に、市場から市場へと自由に移動していくのです。

いうまでもなく、資本が一定の占有を離れて活動領域を拡大していくこと自体は、本質的に健全な状態です。ただし、占有空間を超えて、資本が資本として横断的な動きを見せはじめた時、その動きを担う主体がなくてはなりません。それが文化資本にほかなりません。文化資本という主体がなければ、依然として「明日の利益をつくることが経済だ」という思い込みのまま、経済資本だけが勝手に動いて制御不能をきたすことになってしまいます。

モノとして分配するのではなく空間として分配されること

こうした事態は、経済資本が社会ビジョンから離れて浮遊していることから引き起こされたものです。そして、生み出された富、つまり付加価値や貨幣を誰にどう分配すればよいか、という分配の問題にかかわっています。たくさんの人々が富を享受できるようになれば、消費が促進され経済が活性化しますが、同時に環境破壊が促進されていくことを避けられません。

こうした悪循環が、もはや国家的、国際的な規制や操作ではどうにもならないところまできてしまったのが現在だといってよいでしょう。

明らかに、社会ビジョンを組み込んだ資本が構想されなくてはならないのです。

確かに、社会ビジョンをしっかりもった企業は決して少なくありません。社会ビジョンを打ち出すことが、先端企業のトレンドにすらなっています。しかしながら、社会ビジョンを打ち出しはするものの、単なるムードづくりやかけ声に終始している企業が多いことも事実です。

かけ声だけに終わらせないとすれば、資本と社会ビジョンの関係をどこでどう組み立てたらよいかを考えなくてはなりません。かなり難しい問題であることはまちがいありませんが、少なくとも両者をきちんと結合させるためには、分配／流通の場で社会ビジョンを組み立てて、生産／商品を決定していかなくてはならない、ということです。

産業経済は基本的に「原料を使って生産／商品化し、分配／流通して消費する」という仕組みで成り立っています。この場合、生産／商品に従属する形で分配／流通を組み立てるのが従来からの産業経済のやり方です。

そのため、環境を重視した商品などでは、生産／商品のところで安くあげても、分配／流通のところでコストがかかり、結局は通常のインダストリアル商品よりも価格が高くなってしまうという事態が引き起こされています。しかし、社会ビジョンは、分配／流通のところで組み立てられていかなくてはなりません。

たとえば黎明期の日本企業の多くが、分配／流通のところをそれぞれ独自の営業所や店舗の展開で組み立てました。西欧的なもの、先進的なもの、高品質のものを全国へ流通させることで、たくさんの人々に希望を提供してきました。そのように、「明るい社会、快適な社会になりましょう」という社会ビジョンを、分配／流通のところではっきりと組み立てていたわけです。

ところが、生産／商品の動きがだんだん活発化していくなかで、いつの間にか分配／流通が見えなくなっていきました。そのため社会ビジョンの問題は、政治やマスコミに任せてしまうようになってしまったのです。

そうではなく、社会ビジョンを分配／流通の場と合体させた組織化をはかることで、企業は社会ビジョンを自己展開していくことが可能なのです。生産／商品を優先し、それに見合う形で分配／流通を考えるのではなく、逆に、分配／流通の領域をどのように組み立てていって、場所や空間、国をつくっていくのかということから、生産／商品を決定していくことなのです。

重要なことは、モノをモノとして分配するのではなく、空間として分配するということです。たとえば、スーパーを各地に建設する場合を考えてみましょう。それには、商品という物資を各地に分配しようというところからではなく、スーパーのある生活空間を分配していこうというところから建設を考えていく方向がとられなければいけない、ということです。

経済がそのように、空間としての分配を目的に成り立つところでは、コストはそこから逆算されていくことになるでしょう。

経営では分配の社会ビジョンと流通の再組織化が重要な位置を占める

そんな経済は理想にすぎないと思われる人がいるかもしれませんが、企業は近代の初期にはそうしたことを実際にやっていたのです。郵便の配送システムにしろ鉄道にしろ、快適な社会をめざす社会ビジョンから立ち起こった事業でした。

そのように、商品化の場と環境の場を関係づける社会環境を設計する文化生産の場がなくてはならないのです。

これを学問の場でいえば、モノ化されたものを経験的・限定的に研究するのではなく、それがどう空間化されるかを研究することが重要となります。それは占有空間を研究するのではなく、人々が暮らしている領有空間についての実証的で理論的な研究をやっていくことになります。

同様に経営でも、モノ生産中心ではない、分配における社会ビジョンと流通の再組織化が重要な位置を占めていかなくてはなりません。

産業主義の経済は、どれだけのものをもっているかという占有を基本としてきましたが、これからの文化経済は領有し、非経済的なものを経済化して経済の質を変えていきます。そうした積み重ねを通して、文化経済市場と環境経済市場という二つの大きな市場が、いままでの経済的経済市場とは違う場で組み立てられていくことになります。

経済的経済市場は生産と商品を中心に展開されていますから、そのもとでは文化経済の場はもっぱらポスターや宣伝という形に矮小化されてきました。また環境生産の場は欠落を埋めていく形でしか機能しておりません。

そうではなく、占有ではない領有という形で、非経済的なものを経済化していけるように質を変えていくことであり、そこに新たな経済の可能性を切り開くことが大事なポイントです。

時代はいま、これまでのモノ商品集中市場から、分配の多元的な市場へと、社会環境を大きく設計替えしていくことを求められています。そこでは、生産性を高めることは、単に量を増やしていくことではなく、質を高める生産性として表われます。

分配経済の場の論理は同一性や内部性ではなく、微分性や分散性、種別化、非連続、外在が入り込んだ論理です。たとえば家を建てる時、使用する水について、水源や天候のところまで含んで考えていくこと、そこで酸性雨のような問題が自分のこととしてとらえられる、といった思考形態のことです。

そこにこそ、経済資本第一主義を超えて社会ビジョンと一体化した経営の姿を展望することができるのではないでしょうか。

表象と生産と場の組み替え

「新しい価値をつくる」ことが前近代の場で語られている

文化資本経営をめざす企業は、常に経済生産と文化生産をリンクさせて、新しい価値をつくり続けていかなくてはなりません。

そうなのですが、産業経済社会の下では、企業活動としての文化生産と経済生産を一体化させていくことは、それほど容易なことではありません。そこに、文化は文化として表象されるけれども、それが経済的なレベルでの生産にはなかなか結びつかない、という問題が出てくるわけでもあります。

この問題が何よりも、文化生産と経済生産が結合せず、別個に行われていることにかかわっているのは、いうまでもありません。それはまた別のいい方をすると、新しいものを生み出すことについて、表象することと生産することが、別々のものになっていることを意味しています。

こうした状態は、何も近年にはじまったことではなく、また資本主義が一元的な金儲け主義だということを意味するものでもありません。

そこで、ここでは表象について少々考えてみることにします。

前近代、古典主義時代の知の主要な形式は「表象」でした。いってみれば、現代のように「ないものを生み出す」のではなく、「あるものを表わす」のが知であると、そうみなされていたといってよいでしょう。

当時の表象としての知識は、個々の物事の間の同一性と差異性が、一つの空間面に構成された総合的な統一体としてありました。それはたとえば、モザイク模様のように、さまざまな色や形のカケラがからみ合った関係があるものを生み出していく、といったイメージでとらえればいいかと思います。当時の知識とは、そういう、いわば記号が記号を生産する記号体系の世界としてありました。

雑学事典などもそうした知のあり方に連なるものですが、これが当時の表象としての知の世界であり、その典型が博物誌だといえましょう。

経済的な面では、諸国間の貿易差額によって国家の富を増大させようという重商主義が、中心的な考え方としてありました。いわば、カケラとカケラの違いから富が生まれるというものです。

そのように、古典主義時代には、こうした表象の世界の知の作用によって、相似性や類似性をつくり出す生産システムが形成されていたのです。

たとえば、「資生堂」と活字で打たれた文字に対して、「SHISEIDO」というロゴマークをつくったとしますと、その間には、その会社をめぐる記号の表象が生まれます。これは単に記号としての変形文字を生産しただけではなく、その表象によってある新しい価値をつくっていることを意味します。

そうすると、この価値ある表象を生み出すには、どんな力が働いたと考えればいいでしょうか。よく考えてみますと、「資生堂」という文字に対して、外側から目には見えないある理念的な関与が働いたことによってつくられたことがわかります。

これが表象の生産システムです。もちろん、労働や科学技術も外部から関与しているのですが、それがほとんど取るに足らない関与である限りは、特に問題にされることはありません。

しかし、やがてそこに労働や科学技術が関与していく比重がだんだんと高まっていくことになります。そして、これが近代に入っていきますと、完全に逆転していくのです。つまり、「その関係は労働や科学技術が関与することで成立しており、これが生産である」という組み立てが行われることになっていきます。

目に見える力の勝利といってよいでしょうか。この組み立ては、簡単にいうと次の三つからなります。

①労働が関与していたから生産ができた

②労働の関与は単に時間的な量ではなく、アダム・スミスがいったように、労働を組織化して形式的に組み立てるとうまくいく

③科学技術が関与すると生産が高まる

そして、外部から目に見えない理念的な力が関与したのではなく、もともと世界の内部に埋め込まれている歴史的な諸力であるこの三つが作用したのだ、というように生産の概念を転換したのです。

要するに、「人間の内部に労働はあるのだ。自然の内部に科学技術があるのだ。システムの内部に組織があるのだ」という形で、近代には三つの外部性が新たに内部性として構成されていったのです。

近代はこうして生産の体系をつくり出しました。そのため、表象の世界は、「労働や科学技術による生産」の陰に追いやられていってしまう、という事態がもたらされるようになりました。簡単にいうと、外部から見えない力が働くなんて、あるわけがないではないか、目に見えない無自覚な力などが何かを起こすことなどあるわけがない、と考えるようにな

っていったのです。

しかし、実際には表象と生産は同じ土台の上にあるものです。表象なき生産はありませんし、生産なき表象もありません。ですから、依然として、古典主義時代以来の表象の体系が、生産の場でしっかり稼働していることには変わりありません。

たとえば、先に述べた会社のマークのように、同一性が移行して差異性へ転化したところで価値が生み出されるようなことは、もちろん、いまなおあるわけです。表象はどこかへ消えてなくなったわけではなく、しっかりと存在しています。

にもかかわらず、生産内部には、あたかも表象が存在しないかのような、つまり価値あるものではないかのような見かけがとられているのです。そこに、文化生産と経済生産を結合させにくい現在の問題が横たわっているのです。

そういうわけで、表象を経済の言葉で語ったり、経営戦略や経営計画として言葉にしようとすると、ほとんどの場合、無意識のうちに前近代の場所に戻って語ってしまうことになっています。つまり、「新しい価値をつくる」といいながら、その実は差異化によって「新しい価値を表わす」こととして語られてしまっているのです。

「新しい価値をつくる」といういい方は、本来は近代を超える方向性を意味しているにもかかわらず、それが実際には前近代の場で語られているのです。

資本の場と物質の場を組み替える

先に表象の生産システムを「モザイク模様のカケラ同士の関係がモノを生む」というようにいいました。それをもう少し突っ込んでいうと、「AはBである」という命題と、「AはBであるとはこういうことである」という命題の分節化の間で価値が形成される、ということになります。たとえば、「A＝B」という命題があり、「B＝C」という命題があるならば、AはCと等しい価値を表象することになります。

博物誌もそうした体系をもっていますし、重商主義もそうしたシステムから富を得られるとするものです。要するに、ある指示されたものが別なものへ転化される時、そこに価格が生み出されるのです。

もちろん、こういう論理はいまなおあるわけですが、前近代ではこうした命題と分節化、指示と転化のところで経済が成り立っていたのです。

ところが、近代ではそれは間違っているとされ、生産と分配（流通）のところで価値が生じる、したがってそこで経済が成り立つ、と考えられるようになりました。つまり、AもBもCも、それら自体の関係で価値が生まれるのではなく、生産されたA、分配されたAとなって、はじめて価値の関係に入るのだとしたわけです。

そのため、たとえば生産過剰など、生産と分配の面で限界が生じると必ず価値と価格の操作が行われます。そして、そこが経済的な物事が語られる現場となります。つまり、生産と分配がお互いに総合的に補充し合って、現実の経済が語られるわけです。

そこで、近代以降の時代に生きている我々は、何としても文化生産と経済生産を結合させていかなくてはなりません。そのためには、文化生産的には指示と転化のところで、経済生産的には生産と分配のところで、同時に表象していく、つまり理念的、哲学的な関与を働かせていかなくてはならないのです。

我々は現在、そういう困難な状況に直面しているわけですが、この表象と生産の関係は、すでに限界が見えています。いまや、どのようにこの関係を超えていくかというテーマが、より重要になりつつあります。

そこを超えていくためには、この両者が関係している閉鎖的な商品の場と物質の場を組み替えていかなくてはなりません。

物質の場の組み替えは、光速度の情報流のなかで半導体と超電導子により、現実的にはじまっていると思います。たとえば、ファクシミリの出現によって、これまでの生活時空が大きく組み替えられ、インターネットによってさらに加速されている、といったことなどがそうです。明らかに、古典主義や近代主義からすれば、超空間というしかないような新しい空間が生み出されようとしています。

一方、商品の場は、経済のグローバル化が進んでいるとはいっても、いまだに差異化によって価値を生み出そうとしています。そのように、新しい価値を生み出すというテーマは、依然として差異化を図っていこうとする、前近代の表象の場で語られているのが現状でしょう。

しかしそうではなく、商品に代わってどこかに資本の超空間を生み出し、そのことによって価値が生ずるような仕掛けをつくらなくてはならないのです。そこに向けて、組織的にも生産的にも、何らかの現実をつくり出していくことが文化経済の重大なポイントになります。

そこで、企業が表象と生産の関係を超えていくには、1章のはじめのほうで述べました、次の三つの経済次元をどのように組み立てるかというのが、重要な位置をしめてくることが理解していただけると思います。

①実際上機能している前近代から近代の場で構成されている経済の次元
②想像力や美など非物質的なものをめぐる文化経済の次元
③場所や環境空間など物質的なものをめぐる環境経済の次元

要するに、この三つが複合した複合経済としての組み立てがなされなくてはならない、ということです。

その組み立ては、経済性の内部で自己循環するような商品交換の流れのなかでは不可能なことはいうまでもありません。ですから、複合経済への第一歩を踏み出すためには、文化・環境の価値生産と結合していくような資本の流れを起こさせる、何らかの資本の超空間的な仕組みが考え出されなくてはなりません。

そうした新しい資本の流れを生み出そうとする企業こそ、文化資本経営企業の名にふさわしい企業だといえましょう。間もなく、そのような企業が多くの人々に迎え入れられる時代がやってこようとしています。

アジアを新たな外在性として取り入れて語りかけていく文化の資本づくり

文化資本経営企業は、以上の問題を企業自らにとっての表象の問題として考えていかなくてはなりません。そのことを、少し具体的に見てみましょう。

表象には、前述のように、自覚的、意識的には目に見えない外部からの理念的な関与が働きます。その意味で、この外部のことを、ここではひとまず「陰の世界の外在性」といっておきましょう。日本企業の多くは、この「陰の世界の外在性」を、西洋風、先進性、高品質といいかえて、それを内部性に転じながら、生産性をあげる商品を見事につくりあげてきたと思います。

そして、それを達成したいま、二つの方向性があると思います。

一つには、そうした蓄積から企業がつくり出してきた内部性を、次に外部に向けて産出していくことです。たとえば、これまではっきりと外部化されてこなかったアジアを外部化し、その外部のアジアに向かって語りかけていくことなどがあげられます。実際、日本は想像される以上に、アジア諸国とは異質なものをたくさん抱えています。日本企業には、アジアに語りかけていけるだけの豊かな文化的な質があるといえるでしょう。

これはアウトプットの面でのテーマです。

それをインプットの面でいえば、まったく新しい地盤に着地していくことを目的に、かつての西欧近代に代えて、現代アジアを新たな外在性として取り入れ、組み立てていく文化の資本づくり、というテーマになります。

いずれにしても、まったく新しい地平に立って、内部のものを外部に出していき、異質なものを内部に入れていくことになります。

そこで、しっかりと再確認しておかなくてはならないことがあります。それは、近代以降の日本企業が身につけてきた西欧風・先進性・高品質は、あくまで外在性を取り入れた非連続の形成であり、そうした種別性の導入だったということです。この点を確実に把握しておかないと、これまでやってきたことを連続させていけると錯覚し、これからもそれを延長させていけばよい、といった誤解が起きてしまうと思います。

アウトプットとインプットといいましたが、この二つは別個のことではありません。アジア的であると同時に西欧的であり、先進性や指導性であると同時に伝統的で根元的であるというように、相反性を共存させる組み立てを狙ったものです。それが、これからの企業の核心的なテーマになっていくことは間違いありません。

文化資本経営では、そうやって先端をめざしながら伝統的であることによって、生産性の論理を変えていくことが重要なのです。

こうして、「陰の世界の外在性」をインプットし、そこからさらにアウトプットしていくという創造原理が成立します。

この原理は、経済生産を生産の中心からずらしていくことから、さらに進めて、文化生産・経済生産・環境生産を結合させる複合経済を基盤としていくことで成り立つものであることは、理解していただけることと思います。

この原理の実際的な運用によってはじめて、文化生産と経済生産の結合として表象する生産システムが可能となるのです。

世界的な学問課題と同質的な経営課題

研究者と企業人の協働が大きなテーマとして浮かび上がってくる

企業にとっては社会ビジョンをどうもつかが重要なことはすでに述べました。およそ社会ビジョンをどうもったらいいかということは、いまある世界を問い返し、これからの新しい世界をどう描いていくかということにほかなりません。それは単にいまある世界の修正ではなく、世界の限界をとらえ、かつそれを超えていくことを意味しています。

それは経営の課題であると同時に学問の課題でもあるため、社会ビジョンをめぐって、経営と学問が結び合っていることがわかります。ここに、研究者と企業人との協働が大きなテーマとして浮かび上がってくるのです。

そのために、少々ややこしい話になりますが、学問的にも経営的にも、いまある世界をどう問い返していったらよいのか、いま世界はどのような限界にぶつかっているのか、といったことを考えてみたいと思います。文化資本経営という課題は、近代的な学問の基盤をどのように変えるのかという課題と分かちがたく結びついていることを強調しておきたいと思います。

最もポイントとなることは、広い意味での政治と経済がともに限界にぶつかっている、ということです。

一九世紀的な国民国家と国民市場という枠で考えられてきた政治も経済も、この間のグローバリゼーションにより、すでに限界に達していることは明らかだと思います。もう少し広くいうと、ヨーロッパ近代が生み出して、世界的に波及した主権国家という歴史的な体制、それがいまある限界に達しているということです。

このようなことは、一見、よくいわれていることのようですが、これをどう考えたらよいかについて、本当につきつめられているかは大いに疑問です。限界を自覚するところから、新たな政治秩序や経済秩序をどのように構想していけばよいかが、本質的に問われていかなくてはなりません。

国民国家と国民市場が限界に達している

一つの国民が一つの市場をもつことを支えている

原理は、次のようなものです。

「国家と市場は同一化された内部をもち、そこにニーズがある、それを探せ」

国民国家と国民市場の原理のもとでは、どんな商品でも、ある同一性をもったものをニーズに応じて、国民全体に普及することになります。そのため、モノと人を画一的に組み立てる空間が生まれ、それが近代国家と産業社会として構成されています。別ない い方をしますと、学校ではどこでも同じ物事を教えるとか、社会的にはみなが平等であるという原理として表象されてきます。

このように、国民国家と国民市場の下では、政治運営と経済経営は同じ働きをもって社会への作用をつくり出していきます。そこでは、政治運営が経済性を帯び、経済経営が政治性を帯びるというように、相互に浸透し合う関係が形づくられています。

この相互の浸透をもたらす形態には次の三つがあります。

第一には、経済経営の政治性は、モノの市場が画一的で一国的なスケールでつくられることを前提にする、ということです。実際には、一国的なスケールを超えて、国際的に商品が売られていく動きと、ある場所に限定されて、限定生産されるという二つの方向に分かれてきます。しかし、そこで働いている経済経営の政治性は、基本的に一国的な枠組みを構成しようとします。

第二には、政治運営でも経済経営でも、東京や大阪を中心にして、中央集中の枠組みをつくりあげようとします。具体的には本社は東京や大阪に置くという本社中心の経営システムが、日本における政府と同じあり方でつくりあげられていきます。

第三には、いずれも類似や相似の連続体を構成している、ということです。要するに、異質なことをやってはいけないという傾向を強めていく、ということです。たとえば、支社がその地域の事情に合わせて異なった動きをしたとすると、それはいけないとして、本社と同じことをさせようとする、といったような動きです。意識的、あるいは暗黙のうちに類似・相似の連続体を形成することが、経営における政治の質として重要な位置を占めていると思います。これは、企業に限らず、大学アカデミズムでも同じことになっています。

こうした形態はいずれも、段階的・単線的進化や進歩が必要な面では有効でした。しかし、いまやこの三つの形態では社会が逆に停滞してしまうという限界に達し、壁にぶち当たっているわけです。

量が増えればよいという積分的市場の内部は、くまなく記号化・差異化・微分化されていった結果、もはや満杯になってしまいました。ようやく、同一のものを市場に大量に配分することの限界に達したわけです。

また、モノ市場空間の画一化により、どこの街も同じ光景になるといった均一化ももたらされています。風景も場所も崩壊しかかっています。非経済の領域でも、同じものが類似的に拡大されているのです。しかも、そうした非経済域の崩壊が、地球汚染とともに進行しています。

明らかに、国民国家と国民市場の下で生活を営んでいくことの限界がやってきたのです。企業にとっての社会ビジョンは、この限界突破をめざすところから生み出されていかなくてはならないでしょう。

この限界突破については、社会科学の先端では、次の哲学的な四つのテーマを克服することが課題として提出されていると思います。

それらのテーマは、ミシェル・フーコーが西欧思想を徹底して検討した結果、そこを超えなければ未来はない、というかたちで論じたものです。難しい領域なのですが、まさしく、学問が突き当たっている問題と経営が突き当たっている問題がまったく同じであることを意味していますので、概略をふれておきたいと思います。

先験的なものや経験的なものを乗り越えていくこと

第一に、近代では先験的なものと経験的なものが、ある時は客観性とされ、ある時は主観性とされるというように、常に行ったり来りしては相互に入れ替わってしまう、という問題です。

カント的な美学では先験的なものは主観的なものだとします。たとえば、「その人が美しいと思うから、それは美しいのだ」ということです。しかし一方では、「いや、そうした先験性は客観化からきているのだ」という考え方が出てきます。また、「そういうものがすでにあるのだから、経験的な主観にそれがあるのだ」という考え方も出てくることになります。

このように、物事に対する判断をしていくところから人文科学や社会科学が組み立てられてきたわけです。しかしながら、本当に大事なことは、先験的か経験的かとたたみかけていくことではなく、いずれをも乗り越えた判断を獲得することです。

これは、先に表象の問題として述べたことにもかかわってきます。つまり、古典主義時代以来の「表象の学」と近代の「人間の学」の双方を超えていくことになります。これを経済的にいえば、古典主義時代以来の価値増殖システムと、近代以降のモノの所有生産システムを超えていくことになります。

また科学技術の面でいえば、主客分離の科学技術やエンジニアリングを、主客非分離の複合科学をめざすことで超えていくことになります。たとえば、免疫科学やニューロ・コンピュータの構想はそういうテーマをもっているといえるでしょう。

いずれにしても先験的なものと経験的なもののダブルバインドを乗り越えていく、ということです。

多元的な時間を設定してナショナリズムを克服すること

第二に、起源への回帰にかかわる問題です。たとえば、「オリジナルなものや起源は自らの内部にある」として、内部へ回帰していくと閉鎖的なナショナリズムが形成されてきます。特に現在のような歴史的大転換期では、無意識のうちにナショナリズムに入り込んでいきます。

これは一種の後退ですが、そこでは暗黙のうちに、民族集団が一種の有機体のように考えられています。そのため、あたかも器官的な因果関係が歴史的に進化してきたかのようにして、オーガニックなナショナリズムが起こるのです。

これが企業の場合は、内部に閉鎖的に同一化していくという類似性で表われます。またアカデミズムの場合は、いわゆる「個別専門解釈共同体」を守りきる、という形で表われます。これは学校教育の形成原理の問題として顕著に出てきます。

現在、エスニシティ論が盛んですが、少数民族の問題もナショナルなものを構成する内部の同一性であるという論理で主張されます。同様に、環境も経済の内部の問題だという論理で主張されます。この論理の類似性のために、少数民族問題も環境問題も同じ問題だとして、相似化、同一化されてしまっているのです。

こうしたおかしな内部への同一化の論理を超えていくには、「歴史的な時間が多元である」という多元的な時間を設定することがポイントになります。

それは、場所から遊離してしまった時間性（歴史性）から、場所の時間性（歴史性）へと回帰することを意味します。たとえば、「東京と青森では時間性が違う」という時間性（歴史性）の違いを構成することになります。Aという場所とBという場所では時間は一元的ではなく、それぞれ異なることを明確にして、多元的な時間性を設定していくことです。

フランスの歴史学はこの点を見事に明らかにしていきながら、フランスのアイデンティティとは何かを追究していきました。たとえば、ロジェ・シャルチエは「文化の社会史ではなく、社会の文化史が重要である」と強調しています。これは、「社会」が文化をつくりあげ、その歴史が展開されているので、文化を社会へ還元していては見えてこない歴史がある、ということです。同様に、資本を経済として語るのではなく、文化として語るという資本の文化史が必要となります。

ナショナリズムの克服は、いうまでもなく企業の国際性の質を高めることになり、学問の一国主義的な独善性や狭さを克服していくことにつながります。グローバルなレベルでの世界性をめざして、起源を確認しながら、将来に向けて多元的な時間を設定し、内部に閉じるのではなく、外部に向かって開く方途を獲得しなくてはなりません。

思考されないものの新たな経済化の可能性をとらえること

第三に、思考されないものの存在をどう扱うかという問題です。これは同時に、経済化されないものとどう向き合ったらよいかを意味します。

学問の専門主義は、学問の対象として思考されないものは考えられないとして排除していきます。それと同じ論理で、経営の経済主義は、貨幣的な利潤に直接かかわらないものは「うちの企業には関係ない」と排除するわけで、基本的に文化を排除する組み立てになります。こうした「排除」は、専門主義と経済主義が分業システムをつくりあげていくうえで、必然的に必要としてきたことでした。

思考されないものを排除する論理は、他者にどのように関与するのかにかかわってくる論理です。人間に近づけて、思考可能なものを整理していくことが、同時に経済に近づけて、経済可能なものを誤認していくこととタイアップしています。本来は人間を人間として考えることはほとんど不可能ですが、それを可能として整理していくことが、経済を一元的に拡大可能と誤認していくことにつながります。これは相手をとても承認している論理に見えますが、実はそうではないものは排除するという偏見を組み立てています。

思考されないものを排除しないためには、自他非分離の場所を設計していかなくてはなりません。思考されないものは無意味な、事実上存在しないに等しいものだとするのではなく、そういう種別性が実際に存在することを見抜いていくことです。経済化されないものは無意味なものではなく、それは文化資本の存在だと考えることです。このような形で新たな経済化の可能性をとらえ返していく必要があると思います。

有限化と同一化による外在性の排除に陥らないこと

第四に有限性の問題です。

「人間は有限だ」「企業は有限だ」「国は有限だ」「自分の学問は有限だ」と、あらゆるところに有限という類似性が入り込んできます。そこで、「同一化することが活性化になる」というように有限化すると、今度はそこに無限の概念が逆に入り込んできます。「会社が一体化して、同一化していけばよいのだ」という考え方は、「無限の成長がありうるのだ」という無限の観念と結びついています。別ないい方をしますと、「日本人が同一化して、自己同一性を確立していけば、日本は永遠の国になるのだ」という論法を組み立てることになります。

また、同一性の還元は内部性の確立につながり、異質なものや外在性を排除します。この完成形態がナショナリズムです。

こうした事態に陥らないためには、学問的には外在性を導入した超領域的な学問研究と実際に取り組むことです。企業の取り組みとしては、分散性をシステム設計して、横断的な体系の編成を行うことになります。

以上、大変な問題なのですが、企業にとっての社会ビジョンは、このような哲学的、文化的な課題を根本から組み替えていくテーマとともにあるのです。

なお最後に、「文化資本」の概念について補足しておきたいと思います。

文化資本という概念は、資本を「資金」「財」のように物質的に内部化してしまう近代産業経済の概念のあり方に対して、資本の活動をエコノミーの総合的な活動として開いていくために、外在性へ転移させようとするものです。

そこで本書では、資本を次のような働きとしてとらえてきました。

第一に、資本概念が多様で、種別的であるということ（社会関係資本、象徴資本、想像資本など）から、資本を外在的な相互関係において働く経済パワーと考えること。

第二に、資本は外部へ表象されるものであり、かつ内部へ力として蓄えられるものである——この相互性の働きであること。

第三に、資本は多様な時間の働きのなかで働いているもので、これを生産時間／労働時間に限定づけてはならないこと。

第四に、資本とは、「考えられえない」「語られえない」世界において生成的に非分離の関係で働いているものであること。

第五に、資本は有限性へ閉じられるものではなく、場所の限界域において地球へ開かれているものであるということ。

こうした性格をもつ資本を核として動かしているのが「文化資本」です。

本書はそうした観点から、経済学の既存の概念を超えて、新しいエコノミーの場所で文化資本の「エコノミー／経営」を示してみたものだといえるでしょう。

なお、本書と同時に理論編として山本哲士著『文化資本論』（新曜社刊）が刊行されます。あわせて参考にしていただければと思います。

著者紹介

福原義春（ふくはら・よしはる）

1931年東京生まれ。1953年慶応義塾大学経済学部卒業、資生堂入社。商品開発部長、取締役外国部長、常務取締役、専務取締役を歴任後、1987年代表取締役社長に就任。直後から大胆な経営改革、社員の意識改革に着手し、資生堂のグローバル展開をけん引した。社長就任10年を経て1997年取締役会長、2001年名誉会長に就任。企業の社会貢献、文化生産へのパトロネージュなどに尽力した。本業以外での文化的活動も多岐にわたり、なかでも洋蘭の栽培、写真は有名。東京都写真美術館館長、東京商工会議所副会頭、（一社）経済団体連合会評議員会副議長、（公社）企業メセナ協議会理事長、（公財）文字・活字文化推進機構会長、（公財）かながわ国際交流財団理事長など多くの公職を歴任。

栄典・受章は、旭日重光章、文化功労者、仏レジオン・ドヌール勲章グラントフィシエ章、伊グランデ・ウフィチアーレ章、パリ市名誉市民、北京市栄誉市民など。

本書のほかに、『部下がついてくる人――体験で語るリーダーシップ』（日本経済新聞社）、『ぼくの複線人生』（岩波書店）、『美「見えないものをみる」ということ』（PHP新書）、『道しるべをさがして』（朝日新聞出版）など著書多数。

2023年8月、92歳で逝去。

装幀・本文デザイン・図版 …… tobufune（小口翔平＋須貝美咲）

DTP …… 朝日メディアインターナショナル

校正 …… 鷗来堂

営業 …… 岡元小夜・鈴木ちほ

進行管理 …… 小森谷聖子

編集 …… 井上慎平

文化資本の経営

これからの時代、企業と経営者が考えなければならないこと

2023 年 12 月 26 日　第 1 刷発行

※本書は 1999 年に刊行された書籍を復刊したものです
(巻頭解説を除き、当時の原稿をそのまま使用しています)

著　者　　福原義春 + 文化資本研究会
発行者　　金泉俊輔
発行所　　ニューズピックス（運営会社：株式会社ユーザベース）
〒 100-0005 東京都千代田区丸の内 2-5-2 三菱ビル
電話　03-4356-8988
FAX　03-6362-0600
※電話でのご注文はお受けしておりません。
FAX あるいは下記のサイトよりお願いいたします。
https://publishing.newspicks.com/

印刷・製本　シナノ書籍印刷株式会社

落丁・乱丁の場合は送料当方負担でお取り替えいたします。
小社営業部宛にお送り下さい。

ISBN 978-4-910063-35-5
本書に関するお問い合わせは下記までお願いいたします。
np.publishing@newspicks.com

希望を灯そう。

NEWS PICKS PUBLISHING

「失われた30年」に、
失われたのは希望でした。

今の暮らしは、悪くない。
ただもう、未来に期待はできない。
そんなうっすらとした無力感が、私たちを覆っています。

なぜか。
前の時代に生まれたシステムや価値観を、今も捨てられずに握りしめているからです。

こんな時代に立ち上がる出版社として、私たちがすべきこと。
それは「既存のシステムの中で勝ち抜くノウハウ」を発信することではありません。
錆《さ》びついたシステムは手放して、新たなシステムを試行する。
限られた椅子を奪い合うのではなく、新たな椅子を作り出す。
そんな姿勢で現実に立ち向かう人たちの言葉を私たちは「希望」と呼び、
その発信源となることをここに宣言します。

もっともらしい分析も、他人事のような評論も、もう聞き飽きました。
この困難な時代に、したたかに希望を実現していくことこそ、最高の娯楽《エンタメ》です。
私たちはそう考える著者や読者のハブとなり、時代にうねりを生み出していきます。

希望の灯を掲げましょう。
1冊の本がその種火となったなら、これほど嬉しいことはありません。

令和元年
NewsPicksパブリッシング 編集長
井上 慎平